若者と生きる教会・若者に届く説教

大嶋重徳
Oshima, Shigenori

教文館

目　次

第2章　若者に伝える教会――教会教育と信仰継承　65

第Ⅱ部　若者に届く説教

本書は、著者がキリスト者学生会（ＫＧＫ）の主事時代に出版した『若者と生きる教会――伝道・教会教育・信仰継承』（教文館、二〇一四年）と『若者に届く説教――礼拝・ＣＳ・ユースキャンプ』（教文館、二〇一九年）を合本にし、それに書き下ろし原稿「若者と生きる教会、それから……」を加えたものです。

第Ⅰ部　若者と生きる教会

第１章　若者と生きる教会――失敗につきあう大人たち

はじめに

今日はこのような貴重な機会を与えていただき、心から感謝をしております。私はキリスト者学生会（ＫＧＫ）という超教派の伝道団体で働いております大嶋重徳と申します。

今日は「若者と生きる教会」というテーマでお話をさせていただきたいと思います。信仰を若い世代にどのように伝えていくのか、それも教会としてどのように継承していくのか、そのために私たち「大人」と呼ばれる人たちはどのような姿勢をとっていけばよいのかということを、いくつかの教会に訪問させていただいたり、また学生伝道の働きの中で気付かされてきたことを交えて、お話しさせていただけたらと願っております。

「教会に若者がいない」と言われて久しくなります。これは現在、日本のみならず、世界に共通する教会の課題です。その中で今日は、現代の若者たちがどのような歩みをしているのかということも含め、現場で出会ってきた若者たちの様子から報告をさせていただいて、ご一緒に意見交換やお祈りをする時も与えられたらと願っております。

1 「若者に届く」とは？――ポストモダン社会の中で

⑴ポストモダン社会

現代は「ポストモダン」（Postmodern）と呼ばれる時代に入ったと言われます。ポストモダンというのは、文字通り「近代以降」という意味です。「近代」というのは、共産主義や資本主義、民主主義と呼ばれる「～主義」といった思想が出てきた時代です。けれども、その時代が過ぎ去った。「これが真理だ！」と信じられてきた思想が、あのベルリンの壁と一緒に崩れ去って、「真理は一つじゃない」、「価値も一つじゃない」、「真理も価値も人それぞれなんだよね」と言われる時代に入ったと言われるわけです。

ポストモダンとは文芸批評という立場から出てきた言葉で、いわゆる「物語」を解釈する権威は〈書き手〉にあるのか〈読み手〉にあるのかという議論の中から出てきた言葉です。つまり、書き手がどのようなつもりで書いたかに沿って読むのがふさわしいのか、それとも読み手がそれぞれの読み方をするところに解釈の原理があるのかということです。ポストモダンという時代に入ったということは、物語が書き手の意思よりも、読み手の中でそれぞれの読まれ方をしていく時代になったということです。

このことは、学生伝道の現場においても感じることです。学生たちにとっては、普遍的な真理であるかということよりも、真理というのは人それぞれなので、人それぞれのフィーリング（感覚）に合っているものを選べばいいじゃないかということを、価値として優先させる時代に入ったということを意味しています。

⑵ポストモダン社会におけるＥＰＩＣ

このポストモダン社会において人間関係を構築するために効果的な方法としてＥＰＩＣという言葉が紹介されます。ＥとはExperiential（経験的である）、ＰとはParticipatory（参加型である）、ＩとはImagedriven（物語やメタファーでイメージを喚起する）、Ｃは、Connected（気の合う仲間とのつながり）です。こういう条件を満たせば、この時代の人々に効果的に福音を届けることができる、そして伝道も成功すると言われています。

最高の音響機材と照明機材を整える。説教も従来のように一人が語るのではなく、二人で出てきて聴衆と対話をするような説教をするとか、説教の前にスキットを入れるとか、映像や音楽を流すなど、非常にイメージ豊かに聴衆にアプローチをしていく。そういう教会をつくると若者たちが集まってくる。また、そういう教会には若者たちばかりが集まり、他の世代との面倒な交わりも生まれない。そうすることで若者たちが多く集まっていると、アメリカやアジアの教会から報告されています。東京でも一〇〇〇名を超える教会が、このような形で生まれているという報告があります。

しかし、ここで一つの問いが生まれます。このような若者を中心とした教会をどう考えるべきかという問いです。それは「若者だけが集まる教会が、神の家族という世代を越える交わりとして健全なのか？」ということです。さらに問いは生まれます。「ここに集まる若者たちが、二〇年後、若者ではなくなったときに、その教会はどうなるのか？」、そして「次世代の若者についてはどう考えればよいのか？」ということです。

(3)ポストモダン社会に届くアプローチを目指すのか？

しかし、そのような問いを持ちながら、一方では、「いや〜、もう若者のことは分からないよね」、「うちの教会のスタイルに合わない若者は来ないでくれていいよ」と言ってしまうならば、再び主イエスが来られるその日まで教会に委ねられている福音宣教という使命を投げ出し、失うことになるわけです。あるいは「青年が育ってほしい」と言いながら、「大人にとって都合の良い奉仕者が育ってほしい。そのために青年伝道をしよう」というのが本音であるならば、その動機を鋭く見抜いている若者たちは静かに教会から離れていきます。

このような時代にあって、若者たちがキリストの体なる教会につながって、神の家族である教会を愛し、むしろ自覚的に教会を建て上げていくように育てていくためにはどうすればいいのでしょうか。

2　聖書における「若者」――「未完成性」と「途上性」

さて最初に、聖書がどのように「若者」をとらえているかを見ておきたいと思います。新共同訳聖書では「若者」「青年」「若い者」という表現が、一三〇回以上出てきます。

聖書の「若者」についての記述を見ていきますと、「力は若者の栄光」（箴20・29）、「しかし、主はわたしに言われた。『若者にすぎないと言ってはならない。わたしがあなたを、だれのところへ／遣わそうとも、行って／わたしが命じることをすべて語れ』」（エレ１・７）と、神様は若者の持つ力強さを喜ばれ、若者を神の御業を語り伝える者として立てようとされます。

また、「あなたの若い日に、あなたの造り主を覚えよ」（伝道の書12・1、口語訳）、「主よ、あなたはわたしの希望。主よ、わたしは若いときからあなたに依り頼み」（詩71・５）とあり、神が若い時に信仰を持つことを喜ばれ、またその信仰を継続していくことを喜ばれると語ります。さらに、「若者たちよ、わたしがあなたがたに書いているのは、あなたがたが悪い者に打ち勝ったからである」（Ⅰヨハ２・13ｂ）とあり、若者のきよさや純粋さへの憧れは若者世代の特徴とされています。聖書は、若者の特徴を「力強さ」「可能性」「将来の希望」「きよさ」と記します。

しかしその一方で、聖書が若者について語る多くの箇所では、若者の積極的な面よりもむしろ若者の持つ弱さについて語ります。「若者の心には無知がつきもの。これを遠ざけるのは諭しの鞭」（箴22・15）、「わたしは言った。『ああ、わが主なる神よ／わたしは語る言葉を知りません。わたしは若者にすぎませんから』」（エレ１・６）、「若いころの情欲から遠ざかり、清い心で主を呼び求める人々と共に、正義と信仰と愛と平和を追い求めなさい」（Ⅱテモ２・22）。聖書は、若い世代の「自分を過信する高慢さ」「自分への自信のなさ、不安」「葛藤、誘惑に負けやすい心」を記します。

また、「若者を歩むべき道の初めに教育せよ。年老いてもそこからそれることがないであろう」（箴22・６）とも語ります。箴言では青年期を人生の基本的な方向を決める時期だとしており、青年期に形成される人格がその後の人生を決定付けると言っていると理解できます。「同じように、若い人たち、長老に従いなさい。皆互いに謙遜を身に着けなさい。なぜなら、『神は、高慢な者を敵とし、謙遜な者には恵みをお与えになる』からです」（Ⅰペトロ5・5）。聖書は、若者という年代が教育と訓練が必要な存在であることをはっきり記すのです。

聖書の若者観を語るならば、その特徴は「未完成性」と「途上性」であり、青年期における「教育の必要性」と「若者の傍らで若者を育てる存在の必要性」を語っていると思います。

聖書は幼年期、少年期において、信仰継承や教育の中心には、何よりも親を据えていることとなります。しかし、青年期になっていくと、親から信仰共同体に子どもの育成を委ねていくことになります。例えばテモテは、幼少期から少年期には祖母エウニケと母ロイスから信仰の教育を受けてきました。しかし青年になって、今度は親とは違う信仰者――この場合には、パウロのような教会共同体のリーダー――に子どもの育成は委ねられていきます。そしてパウロもまたそのことを自覚しながら、テモテを育てているのです。

また、青年期のマルコの育成もそうです。マルコがパウロの宣教旅行の途中で何らかの理由で挫折し、帰ってしまったとき、バルナバはマルコをあきらめず、パウロと別れてまでマルコの失敗に付き合いました。やがてマルコは立ち直り、再びパウロと共に宣教の業につき、獄中に入れられ、パウロの「役に立つ者」と呼ばれるまで回復していきました。

後年、パウロは監督となったテモテに若者について次のように教えます。「若い男は兄弟と思い……諭しなさい」（Ⅰテモ５・１―２）。パウロはテモテに対して、若者を見下して叱り付けるのではなく、自分と同じような大人として扱いなさいと勧めているのです。若者を兄弟として認め、大人として理解し、育てていくことが必要です。

３　若者の変わりゆく面と変わらない面

それでは、私たちは現代の若者たちにどのように関わっていけばよいのでしょうか。いろいろな教会にご奉仕に行きますと、「最近の若者はどうですか？」と聞かれることがよくあります。その質問の背後にあるのは、「私たちの時代とは変わりましたよね」という意識です。確かにいまの若者たちを見ると、見た目も変わりました。表現も服装も変わりました。言葉だって変わりました。若者たちを取り巻くものが大きな変化を遂げました。しかし、私が学生伝道の現場にいて感じることは、若者は「変わらない」「変わっていない」ということです。これが本音の感想です。

私が学生伝道の現場でいつも思うのは、目に見えて変わっていく事柄以上に、変わらない青年時代特有の課題が三つあるということです。一つ目は、「本当の自分とは何か？」というアイデンティティの問題です。親や友人との関係に悩んだりしながら、自分とは何者なのかということを考えています。二つ目は、「愛するとは何か？」というテーマです。恋愛や結婚の問題のみならず、そこには自らの性の問題も含まれます。そして三つ目は、「自分はどこに進むべきか？」「何をするべきか？」という未決定な将来への不安感の課題です。

これら三つのことは、時代を超えても、若者世代特有の悩みだと思います。私たちもまたそうだったのではないかと思うのです。しかしその表現を、彼らは私たちの時代とは違う言葉や態度で表現するのです。「マジでウザインだけど」などと、彼らの時代の言葉で、若者たちはいろいろな悩みや葛藤を表現しているわけです。しかし、私たちからすると彼らの言葉や表現や態度が、私たちがかつて悩んだり迷ったりしたりする事柄と同じようにはとても見えないということが起こるのです。

ですから、私が大切にしたいと考えていることは、彼らの変わりゆく部分にばかり目を留めるのではなくて、変わらない部分に目を留めながら、変わることのない福音を、現代の若者たちに届く言葉で語っていきたいということです。

そこで、現代の青年たちを取り囲む状況はどういうものなのかということを、学生伝道の現場で出会った若者たちの姿と、またかつて私が行った「若者の教会に対する意識調査」（巻末の資料を参照）の結果などを交えて報告しながら、若者と生きる教会のあり方を考えていきたいと思っています。

4　若者と教会――アンケートの分析から

⑴学生伝道の現場で出会ってきた学生たち――ノンクリスチャンの場合

まず最初に、学生伝道で出会った若者の特徴を挙げるならば、一つ目は「家庭問題の複雑化」です。離婚家庭が実に増えました。そして、親からの虐待を受けたという経験を持つ学生たちともずいぶん多く出会います。また、家庭における両親の不和から、自分の存在価値の実感がない、自分はほんとうにこの家に必要なのだろうか、と悩む学生も多くいます。「そういう不安に襲われたときに自分は手首を切るんです」と話してくれた女子学生もいました。「血が流れると、ちゃんと私はここにいると思えて、ホッとするんです」と言うのです。

二つ目の特徴は、「性的倫理観の変化」です。特に女子学生の性的倫理は大きく変化したように思います。おつきあいをすると体の関係を持つのは当たり前のこととなりましたし、結婚以前の体の関係は若年化がどんどん進みました。二〇一三年の新聞に掲載された調査結果（日本性教育協会によるアンケート）では、それが少し後退したという報道もありましたけれども、私の感覚からすると「二極化している」というのが実感です。家庭が壊れていたり、自分の家庭に問題を抱えていたりする子どもたちは性体験がどんどん早くなる傾向がありますし、また逆に、この不景気な時代の中で、そんなに簡単に自分の体を安売りし、明け渡してたまるかという若者世代のある保守性というものも生まれたと思います。それにしても、結婚前に体の関係を持つのは当然だという時代を彼らは生きています。小学生向けの雑誌には「はじめてのキス」というコーナーがあったりします。小学生であってもキスの体験は当たり前だという表現がされているのです。

私は教会学校（ＣＳ）のキャンプに呼んでいただいてお話をすることがありますけれども、その時にも必ず性のことを話すことにしています。呼んでくださった方々から、「大嶋先生、まだ小学生には早いです」と言われても、「いやいや、この時代の中で、子どもたちがこれからどのような中を通るかを考えれば、いまは聞いておくだけでもよいのです」と言って、子どもたちにもお話しさせていただいています。

また三つ目は、「『優しい学生』の増加」です。お互いの人間関係で傷つけ合うことを恐れるあまり、自分の考えを相手にぶつけることができない学生が増えました。しばらく前の若者コトバに「ＫＹ」という言葉がありました。これは「空気（Ｋ）が読めない（Ｙ）」の略語です。彼らにとっては、この「空気を読む」ということがとても大きな価値になっています。ここで自分がどういう発言をし、どういう態度をとることが、この交わりの中で空気を読めていることなのかということを非常に気にします。「アイツ空気読めてないよな」と人から指をさされると、その人たちは「残念な人たち」と呼ばれていくわけです。そういう若者たちに対して大人が空気を読まずに怒鳴りつけたりすると、言っていることが正しくても、「空気を読めていない」ということに、若者たちは怒りを覚えたり、また逆に大人の空気の読めなさに深く傷ついたりします。

また、四番目として、ポストモダンの影響もあり、「判断の基準がフィーリングになっている」ことが挙げられます。正しいかどうかということよりも、心に訴えるかどうかに敏感に反応します。かつての大学生というと、斜めに話を聞く、斜めに物事を考えるようなところがあったと思います。「神がおられる」と説教しても、「なにが神だよ……」と言ってみたり、「神は愛です」と語っても、「ふざけるなよ！　なにが愛だよ」と斜に構えているのが若者だったと思うのです（笑）。

しかしいま、ＫＧＫが主催する聖書研究会や伝道集会に私が呼ばれてメッセージを語りますと、ほんとうによく聞いてくれます。「この相対化された多種多様な価値観の中で、胸を張って『神は愛だ！』と叫ぶこの人は何者なのだ」と、本気で聞いてくれるのです。しかも彼らのフィーリングに心地良く語るならば、その日のうちに「信じます！」なんて言い出すわけです（笑）。こちらのほうがビックリして、「もう少し待ったらどう？……」と逆に心配になるくらいです（笑）。彼らは自分の心にはまると、そのままストンと受け止めてくれるわけです。相対化された価値観の中で育った現在の若者世代は、逆に絶対的な確信に対して非常に強い反応を示すのです。

このことは、一九九五年以降のオウム真理教事件を経てもなお、カルトにはまる若者たちが大勢いることからも分かります。真理かどうかは分からないけれども、ここには私がいてもよい場所がある、しかもそれが自分にとって心地良い空間であるならば、それは若者たちの価値観としては何よりも優先されていくのです。

⑵学生伝道の現場で出会ってきた学生たち――クリスチャンの場合

次にクリスチャンの学生たちです。彼らもまたフィーリングで信仰を把握しようとしていると言ってよいと思います。ＫＧＫでは夏に夏期学校を行いますが、「夏期学校に何を期待して来たの？」と聞くと、「神さまを感じたいんです」と答える学生が増えました。かつては、「神さまを感じる」という表現はしなかったのではないかと思います。彼らは霊的であるということを勘違いし、霊的な「感じ」「感覚」を持つことが信仰である、というイメージを持っています。

ある学生に、「このキャンプに何を期待してきたの？」と聞きますと、「僕は信仰を持ったとき、レベル10でした。それなのにいまはレベル3なのです」と言うのです（笑）。「あっ、そうなの……。それでどうしたいの？」と聞くと、「どうにかしてレベル10を取り戻したくて来ました！」と言うのです（笑）。「がんばってね〜」と言って送り出しました。キャンプの最終日になって、その学生に、「どうだった？」と聞くと、「はい、まだレベル7です……（涙）」と答えてくれました（笑）。彼らは信仰の「感覚」を大事にします。そして、その感覚を失ってしまうと、信仰そのものまでも失っていくのです。

もう一つの特徴は、「信仰の二元化」です。KGKは大学の中に聖書研究会という公認のサークルをつくって活動をします。新入生たちに「一緒にKGKやろうよ」と誘うと、「いえいえ、日曜日以外までクリスチャンでいるのはちょっと……」と丁寧に答えてくれる学生もいます。信仰が通用する世界と通用しない世界があると彼らは感じているのです。日曜日は教会でうまくクリスチャンの顔を演じながらも、彼らが信仰の通用しないと感じている社会では、別の顔で生きる。日曜日はクリスチャンとして神さまがいるような時間を過ごすけれども、月曜日から土曜日までは神さまのいない場所で生きる。彼らはそういう時間を使い分けながら生きているのです。恋愛や就職活動もまた、世の中で生き、働くことであり、信仰とは別だと理解していることが多くあります。

また、クリスチャンホームの子どもたちであっても、結婚前に体の関係を持っている学生は決して少なくありません。世の中では当然であって、「自分たちだけがおかしいのではないか？」という不安に陥ってしまうのです。教会でも、自分の性欲あるいは性的な衝動について、これをどう取り扱えばよいのか語ってくれない。そうなったときに、「なぜ結婚前に体の関係を持たないか」ということについて、聖書的な明確な根拠を持たないまま、何となくいけないことだと思い、何となくそのいけないことをしてしまう自分は、もう教会にいてはいけないのではないかという思いになり、静かに黙って教会から去っていくというケースがあります。私はそのようにして教会に来なくなった学生たちを追いかけていって、何人かと話をしましたけれども、多くの場合は、この性的な罪を犯したということは、ある決定的な罪悪感を青年たちにもたらしていることが分かります。

また、「相対化された価値観」というのは、クリスチャンたちの信仰理解にも影響を与えています。つまり、クリスチャンたちもまた「自分は自分であって、相手は相手なのだから、信仰もまた押しつけちゃいけないよね」と思うわけです。そうなると当然、伝道に対しては消極的になるのです。「私の信仰は尊重してもらっているのだから、相手に対しても自分の価値観を押しつけることはできない」と考えます。自分の信仰が真理であるという確信を持たないまま成長すると、クリスチャンホームの子どもであっても、信じている事柄への確かさが揺らいでしまうということはよく起こることです。その理由の一つは、きちんとした教理教育を受けていないからだと思います。

また、「聖書を読まない」という傾向はさらに進んでいます。聖書というのはパワーポイントで前に映し出されるというイメージがあって、スクリーンで見るのが聖書で、自分で聖書を開いて読むということがどんどん少なくなっています。あるいは、聖書はiPhoneの中に入っているので、持ってこないという子もいます。紙に印刷されたものだけが聖書ではありませんが、実際に日常での「聖書体験」が失われているのは事実だと思います。

また、ユース（青年）向けの集会においても、そのメッセージで聖書が語られているのか、それともキリスト教っぽい話なのか、どちらなのだろうかと感じることもあります。聖書それ自体を語らないメッセージを若者たちが聞くと、聖書そのものへの関心が若者たちからさらに失われていってしまうのではないかという危惧を感じています。聖書をそのまま若者に届く言葉で語る必要があります。

また彼らは、大人数の活動よりも少人数の細やかな活動を形成することを大切にします。KGKの夏期学校でも「どんなプログラムがよかった？」と聞くと、「グループタイムがよかった」と答える学生が多くいます。彼らは自分の信仰や聖書から感じたことを、安心して話すことのできる小さなグループの中で分かち合ってもよいのだという経験を心から喜びます。自分がこう感じたということを聞いてくれる人がいる。しかも同世代の人がうなずきながら聞いてくれる。そして相手からも自分が教えられる。このような小さなグループの形成という体験はキャンプが終わったあとも続いて、ＬＩＮＥなどのＳＮＳ（Social Network Service）を利用して、御言葉の分かち合いを続けていくグループが生まれていきます。さらに、そこにノンクリスチャンも加わっていくというのは、現代の伝道の一つの形、傾向を表しているのではないかと思います。

⑶ノンクリスチャンの若者の特徴——教会に行ったことのない若者の教会への関心

さらに現代の若者たちを理解するために、以前に私が、一〇代から三〇代の若者三〇〇人あまりを対象に行ったアンケートを紹介させていただきたいと思います（巻末の資料を参照）。特筆すべきことは、四五％のノンクリスチャンの若者が「キリスト教会に関心がある」と答えていることです（Ｑ３）。そこからも、若者伝道というものが決して暗いものではないということが分かります。

一〇〇年前、「この世俗化が進むと宗教は場所を失う」と言われましたが、先ほども言いましたが、いまなお若者の多くは宗教的なものへの関心を持っています。大学では「宗教学」の講義を多くの学生が聴講しますし、また世界においても宗教の力が大きなインパクトを持っていることを学生たちは知っています。若い人たちの間では、いまでもパワースポットめぐりがはやっています。事実、「宗教と社会」学会などが定期的に行っている調査では、非宗教系の大学に通う学生で「宗教に関心がある」と答えた人は四六％近くいました。そして、「宗教は人間に必要だ」と答えた学生も二一・六％に及んでいます（関西学院大学神学部編『若者とキリスト教』キリスト新聞社、二〇一四年、一四頁参照）。

ウルリッヒ・ベックというドイツのミュンヘン大学の社会学者は、これまでは「共同体の神」であった神が、いまは「私」という「個人の神」に場所を移した、と言っています。「〈私〉だけの神」へと神観の個人化が起こっているのだというのです。若者たちが、この〈個人の神〉からキリストの体なる〈共同体としての教会〉につながっていくために、どうすればよいのかということを考えていく必要があるわけです。

アンケートでは、他にも、教会に行くきっかけとなった出来事を挙げてもらいました（Q4）。ノンクリスチャンの家庭で育った若者の多くが挙げたのが、幼い頃に教会学校に誘われた経験です。それに続いて、友だちから誘われた経験が挙がってまいります。現在、子どもたちが少なくなったという理由で教会学校をとりやめる教会が増えてきました。けれども、子どもの時に教会で味わった心温まる経験は、やがて人生が行き詰まったときに必ず、教会にもう一度行ってみようという動機になるわけです。教会学校の奉仕をしてくださっている方々には、その種蒔きをぜひやめないでいただきたいと、私は思っております。

若者たちにとっては、大集会の案内やチラシを幅広く数多く配ることよりも、自分たちで同じ世代の若者を誘うことが最も効果的な伝道になっています。つまり、チラシを配って「ここに真理がある」と言われて、「なるほど、そうか」と思って来るのではなく、〈だれが〉「ここに真理がある」というチラシを渡してくれたかが鍵になるわけです。そのチラシを渡してくれるのが私の友人であるか、それとも見知らぬ人であるのか。顔も知らないような人に渡されても、若者たちはそこに行こうとはしないのです。

また、ノンクリスチャンでありながらいまも教会に行き続けている若者たちに、その理由を聞くと、そこで圧倒的に大多数を占めたのは「心に安らぎを得られるから」という理由です（Q5）。現代の若者の多くが教会に「心の安らぎ」を求める時代であるということを表しています。初めて教会に行ったとき、そこで迎えられた印象、教会の雰囲気で、今後その教会に行くかどうかが決められていくのです。説教の内容ですべてを決めるわけではありません（笑）。受付で、「これに名前と連絡先を書いてください」と素っ気なく言われたりすると、その瞬間に「オレの個人情報をどうするつもりだ」と思ったりするわけです。少しでもぞんざいに扱われると、もうその瞬間に、「もうここには自分の居場所はない」と思うのです。ここに救いがあるかどうかということよりも、声をかけてもらえるか、喜んで迎え入れてくれるかどうかがまず第一に大切なのです。それは、彼らが「自分の居場所」「心に安らぎを得られる場所」を求めているからです。

⑷若者が教会に行こうと思うために教会は何をすべきか

また、教会に行ったことがないノンクリスチャンの若者に、「若者が教会に行こうと思うために教会は何をすべきだと思いますか？」と問いますと、「若者向けのイベント」という答えが最も多く挙がりました（Q10）。世の中にはいろいろな楽しみがある中で、「自分」を対象に何かが行われているのであれば行ってみようというのです。

さらに、「地域への社会的貢献」や「若者が自由に使えるスペースの解放」などが挙げられました。若者たちは、そこに教会があることを知っていたとしても、そこで何が行われているのかが見えないわけです。「あの扉の向こうで何をしているのだろう？」と思っているのです。教会の透明性が求められています。

東日本大震災のときに、ＫＧＫでもボランティアを募って東北に行きました。そこにはノンクリスチャンの学生たちもたくさん来てくれました。その時に、「なんだ、キリスト教会もいいことするんですね」なんて言われて、「うん、意外とするよ」なんて言ったりしたんですけれども（笑）、教会やクリスチャンが何をしているのかが外の人には見えてこないのだと思います。

しかも、ただ提示するだけではなくて、〈だれが〉その内容を伝えるかが課題となります。信頼できる友人から受け取った情報でなければ、教会に行こうという直接的な動機にはならないということです。ここでも若者のクリスチャンの教会理解が若者宣教の鍵となってきます。

⑸クリスチャンホーム育ちの若者の特徴――「自分の出席教会に対するイメージの低さ」

けれども、クリスチャンの若者に同じ質問を聞いてみますと、「若者向けのイベント」という答えがそれほど突出することはありませんでした。

むしろ第一に挙がったのは、「若者に分かる説教」でした。つまり、自分の友だちを誘える集会を企画したとしても――土曜日のたこ焼きパーティには来てくれたとしても――、日曜日の礼拝に来てくれるかどうかは分からないということを彼らはよく知っています。イベントは一過性のものにすぎないということをよく分かっているのです。

アンケートの自由既述の中にはこういう答えがありました。「自分の大切な友だちであればあるほど、連れてきたくない場所が教会だ」というものです。自分の大切な友人をせっかく教会に連れてきても、その友人がつまらなさそうな顔を見せたり、「自分とは関係ない話だった」という感想を持たれると、自分がいままで信じてきた信仰を否定されたような気持ちになって傷つくわけです。クリスチャンの若者にとっても、自分の教会というのはとても大切なところです。その大切なものがつまらないと思われると、自分自身のことをつまらないと思われるのではないかと考えます。そして「来週は教会はもういいよ」と言われたりすると、自分との関係を「来週からはもういいよ」と言われているのではないかという緊張感が走るのです。

そうであるならば、それほど仲がよいわけでもなく、断られても傷つかないくらいの友だちだったら伝道できる、ということになります。本当の友だちを連れてくるにはリスクがありすぎる。しかもその友だちを連れてきたにもかかわらず、その集会で自分に奉仕があったり――司会をしたり、奏楽をしたり――して、その友だちが一人で座っているのを見たりすると、「あなたの友だちなんだから、あなたが伝道しなさい」と言われているような気になってしまう。そうすると、日曜日の夜はヘトヘトに疲れて、友だちを誘ったり、伝道をしたりすることにも億劫になってくるわけです。

クリスチャンの若者はそれに続いて、「教会に若者を支え励ます存在がいる」ことを求めています。たとえイベントを企画したとしても、私の友だちをだれかが喜んで迎えてくれるかどうかは、若者たちが伝道する上でとても重要になります。

自分のつきあっている彼女を初めて教会に連れてきた学生がいます。彼女を連れてきて、礼拝に並んで座っていると、全員がジーッと見ている（笑）。なのに、だれも何も言わない（笑）。すると、役員さんが一人スクッと立ち上がって、近寄ってきて、「ご自宅はどこですか？」とか「ご兄弟は？」と聞いてくる。彼女の個人的なことをいろいろ聞かれて、「もう二度と連れてくるもんか、と思った」と話してくれた学生がいました。

この若者がどんな思いで彼女を教会に連れてきたのか、それは彼の人生にとってどんな意味があるのか、どれほどの不安を抱えながら彼女を連れてきたのかを知って、祈ってくれる人が教会にいることが、若い彼らが友人を教会に連れてくるときに、とても大きな意味を持つのです。そして、そういう存在が教会にいるときに、彼らは友人を教会に誘ってくることができるのです。

5　教会が取り組むべき課題

では、現代の若者に福音を伝える、また教会の若者を育てるために、教会は何をしたらよいのでしょうか。日頃考えさせられているいくつかのことをお話ししたいと思います。

(1) 説教の課題

若者に届く言葉を求めて——説教の分かち合い・説教クイズの試み

まず第一に、説教の課題です。「若者に届く説教」というのは、初めて教会を訪れる若者のためにももちろん重要なことですが、これまでもお話ししてきたように、現在教会に出席しているクリスチャンの若者のためにも大切なことです。彼らが未信者の友人を連れてきたいと願うようになることが大切なのです。

私は、若い説教者であれば若者に届くのかというと、そうではないと思います。KGKでお招きする講師の中には年輩の方々もたくさんいらっしゃいます。年輩の牧師であっても、若者の現実に深く届く言葉で語ってくださる方は多くおられます。若者に届く言葉というのは、安易に「若者コトバ」で語ればよいということではありません。先生方が急に「超恵まれるんですけど〜」と言われても、「先生、大丈夫ですか?」と、若い人が心配するかもしれません（笑）。安易な「若者コトバ」は、単なる若者への迎合にすぎません。彼らのほうが引いてしまいます。

では、どこで若者に届く言葉を獲得できるのか。

私は、説教のあとで、若者たちに「今日の説教、どうだった?」と聞くようにしています。

中学生や高校生に感想を聞いても、彼らはだいたい気を遣って、「うん、よかった」と言ってくれます（笑）。でも、「どこがよかったか教えてくれる？」と聞きますと、「う〜ん、よう分からん」と言います（笑）。そこであきらめずに、「じゃあ、どこが分からなかったか教えてくれる？」と聞きますと、やっぱり「う〜ん、よう分からん」と言います（笑）。

けれども、どこまでも若者を追いかけていきますと、私がメッセージで語ったのとは違う言葉が、彼らの心の中にとどまっているのです。そしてそれが、彼らに「届いた」言葉なのです。私が語った言葉ではないかもしれないけれども、彼らの心の内にとどまった言葉こそが、彼らの世代に「届く言葉」なのです。彼らが発する言葉の中に、実は彼らに届く言葉が隠されています。彼らにメッセージの感想を聞き、分かち合うことで、彼らはそれを私たちに返してくれるのです。私はそこで教えられた言葉を次の機会に使って語ります。そうすることによって、彼らの世代に「届く言葉」を手に入れるのです。彼らの声に耳を傾ける中で、徐々に若者に届く説教の言葉が獲得できるようになると私は考えています。ここで得た言葉が、説教作成の際の黙想に生きてくるのです。

彼らの言葉を聞くのは、メールでもラインでも何でもいいのです。「自分は君たちの世代に届く言葉を語る説教者でありたいから、そのために君が教えられたことを知りたいし、聞きたいんだ」とお願いすることは、牧師として、説教者として、あるいは教会学校の教師として、若者からの尊敬を必ず勝ち得ます。その姿勢を見て、教会の若者が牧師や教師を侮ることはありません。むしろ、「自分はこの教会の説教に役に立つことができるんだ」という意識を持つようになります。自分は牧師のために、この教会のためにできることがあるのだという喜びを持ち、積極的に関わってきてくれるようになります。そうすると、彼らの説教の聴き方が変わってくるということさえ起こります。大切なことは、牧師・教師たちが、教会の説教を若い彼らと共につくるという、同労者の意識を持つということなのだろうと思います。

私は学生伝道をしていますけれども、中高生の世代とはどんどん世代的に離れていきます。娘・息子が中学生になりますから、自分と年齢的なギャップが広がっていくのは当然のことです。よく教会では、牧師の年齢の前後一〇年と、牧師の子どもの年齢の前後一〇年の世代が、その教会の頂点になると言われています。最も数が多くなる。それは、説教者のリアリティのある言葉がその世代に語られるからです。また子どもが抱える問題や悩みにも、説教者が自分の子どもの世代へのリアリティを持つからだと言われています。

では、その世代の合間をどのようにすれば埋められるかというと、私は自分たちが届けることが難しい世代とどこまで分かち合いを行い、彼らの言葉を聞くことができているかということにかかっているように思います。

若者に説教を届けるという課題は、決して説教者だけの問題ではありません。教会の課題です。なぜなら、説教というのは教会の営みだからです。

若者たちというのは、今日のこの説教はほんとうに大人たちの心に届いているのか、ということをじっと見ています。いつもあの人は寝ているとか（笑）、あの人は説教をきちんと真剣に聴いているということを、隣でよく見ているわけです。そして彼らは、自分たちにとって聴く価値のある言葉なのかということを考えるのです。教会で、大人たちが御言葉から教えられて、養われているのかということを見ています。大人たちが御言葉を聴いて、感動して、分かち合う空気を教会の中に作ることはとても大切なことです。御言葉を聴いて、「今日の説教は、ほんとうに自分のために語られた」という言葉が大人たちから出てくるときに、若者たちは、「自分はあんなふうに今日の説教を聴いていなかった」と反省したりするわけです。そして大人たちの言葉を聴きながら、説教の聴き所というものを教えられていくのです。若者たちにとっては何を言われているのか分からないと思うような説教を、大人たちが「今日の説教は深かったな～」と言うときに、その「深み」を知るには、何を聴き取っていかなければならないのかということを考えます。こういう体験から、彼らの説教の聴き方が変わっていくのです。

そういう意味では、若者に届く言葉で分かち合いをすることができる大人の教会員がいるかということも大切なことです。中学生や高校生に届く言葉で分かち合える大人に私たちはなっているのか。教会の帰りの車の中で、いきなり夫婦げんかを始めるのではなくて（笑）、夫婦で御言葉を分かち合う姿を子どもたちに見せていただきたい。

実際、礼拝後に説教の分かち合いをする教会はこの数年で増えたように思います。二、三人のグループになって、今日の説教から教えられたことを分かち合うのです。そのときに注意すべきポイントは、「今日の説教のポイントはこうで……」というように、説教の第二幕を始めてしまわないことです（笑）。大事なのは、今日の御言葉を自分はどのように聴いたのか、そして自分の人生にはどういう意味があるのかということを、率直に大人の人たちが話すことです。その言葉を聴きながら、若い人々は、「自分があのくらいの年齢になったときには、あんなふうに御言葉が聴こえてくるのか」と、自分の信仰者としての将来の姿が描けるようになるのです。

以前、KGKの北陸地区で働いていたときに、説教中に必ず寝る学生がいました。Sくんといいます。そのSくんに「大嶋主事の説教は寝づらいっす」と言われたことがありました。「なんだその『寝る』という前提は！」なんて言ったりしました（笑）。しかし、このSくんは必ず寝るんです。どんなことがあっても寝るんです（笑）。あるとき、「なんで説教が始まると寝るの？」と聞くと、彼はこんなふうに答えてくれました。「自分は小学生・中学生の頃に、大人の礼拝が苦痛でしかたなかった。この拷問のような時間をやり過ごすには『寝る』という方法しかなかったんです」と。彼らは礼拝中には本を読むか、絵を描くか、漫画を読むしかなかったのです。つまり、礼拝というのは「我慢」をする時間だったわけです。そして彼らが高校生ぐらいになったときに、礼拝中に寝るという習慣を身につけました。

彼らがそういうふうに礼拝の時間を過ごすということは、彼らの霊的な面に何もよいものをもたらさないのです。子どもたちが静かに本を読んでいることは、大人の礼拝の邪魔をさせないというだけで、何の霊的助けにもなりません。子どもの頃から、礼拝説教に親しむ習慣を付けることはとても大切なことだと思います。

先日奉仕をさせていただいた教会では、礼拝のときに「説教クイズ」というものを出すことを求められました。「大嶋先生、今日の説教を聴いていたら答えが分かるようなクイズを出してもらえますか？」というのです。事前にメールでクイズをお送りしました。

例えばザアカイの箇所であれば、第一問は、「ザアカイは何の木に登りましたか？」。答えは「いちじく桑の木」です。幼稚園生でも分かります。第二問は、「ザアカイはイエスさまに『ザアカイ』と名前を呼ばれたときにどんな気持ちになったでしょうか？」。これは説教を聴いていないと分かりません。そして第三問は、「ザアカイが『四倍にして返す』と言った気持ちは、いまのあなたの気持ちとどのように重なりますか？」。こういう問いは、メッセージへの応答にもなるのです。それを書き終わったらみんなが教会学校の先生方のところに持っていきます。そして花丸とシールをもらうのです。書くことがなく、空白がいっぱいできたら、そこに説教者の絵を描いてもいいのです。

とにかく、礼拝の時間を子どもと一緒に過ごす。大人と子どもが説教を一緒に聴くという体験ができるような工夫をしてみたらよいと思うのです。礼拝中に子どもたちが前に来て、子ども向けのメッセージが語られる教会も増えてきました。

教会の物語・自分の物語を語る

また、若者に届く説教をするのには、ただ単に「例話」を入れればよいというのではないと思います。例話というのは、たくさん話せば話すほど、聖書の言葉それ自体の力を信じていないかのような説教になることがあります。例話しか心に残らないということにもなりかねません。むしろ、語るのであれば、教会の物語を語っていくほうがよいでしょう。すなわち、御言葉に応答した教会の歩み、自分の教会の具体的な信仰者の歴史を語るときに、若者たちは、信仰の先輩たちがどのように御言葉に聴き、応答していまの姿があり、その姿に自分もつながっていくのかということを学びます。神の民の歴史の中にいる自分を発見するのです。

マザー・テレサやアルベルト・シュバイツァーのような、どこか遠くの立派な人ではなくて、自分たちが知っている具体的なだれか、また説教者自身の物語を語ることが大切なのだろうと思います。教会学校の先生方もぜひ、だれか遠くの立派な人の話ではなく、「いま・ここ」にいる自分の物語を語っていただきたいのです。

私はいま、鳩ヶ谷福音自由教会で奉仕をしておりまして、そこで中高生のクラスを担当しています。現在、このクラスでは教会学校用の教案誌を使うのをやめました。今月は、受難週に向かうということもあり、「私にとっての十字架」というテーマで、先生たち一人ひとりが自分の物語を含めながら、聖書の物語を語っています。

子どもたちは、教会学校の教師一人ひとりの十字架体験を知りません。しかし、「あの先生はこんなふうに十字架の出来事を受け止めているのか」ということを知ったときに、今度は自分も同じように受け止める時が来るのではないか、という聴き方ができるようになるのです。教会学校の先生方で、「どうしたら子どもたちに届くのか」と互いに話し合うことも必要なのではないでしょうか。

⑵交わりの課題

若者のそばにいて励ます存在

教会には、若者のそばにいて、彼らを励ます存在が必要だということをお話ししてきました。

東京ティラナスホールというクリスチャン学寮を始められたコーウェン宣教師という方がおられます。この方は、日本でリバイバルが起こったと言われる横浜バンド、熊本バンド、札幌バンドを調べると、そこには青年たちのすぐそばで一緒に寝食を共にした宣教師の姿があったことを知り、東京で学生寮を始められたそうです。すなわち、生きたクリスチャンのモデルに触れさせて、一緒に食事をし、あるいはボランティアをし、スポーツを楽しむ。彼らに寄り添って、彼らの抱えている悩みを聞き、相談に乗り、共に祈ってくれる存在が必要だということです。教会には、若いクリスチャンが「自分もこういうクリスチャンになりたい」と願う出会いを生み出す必要があるわけです。

私は、こういうことをすれば青年伝道はうまくいくという方法はあまりないのではないかと思っています。「何を行うか」という方法論よりも、「だれと出会うか」ということが大切なことです。

自分の学生時代のことを振り返りますと――先ほど説教の話をしましたけれども――、恥ずかしい話ですが、覚えている説教はほとんどありません。けれども覚えている交わりの光景はあるのです。牧師家庭のリビングであったり、あるいは教会の役員のご家族が家庭を開放して、食事に招いてくださったことをいまでもよく覚えています。若者たちにとっては、クリスチャンホームを見せてもらうことは記憶に残る財産です。説教は残っていなくても、その光景は残っているのです。特に、家庭で傷ついてきた若者たちにとって、クリスチャンホームの家庭の食卓を体験するということはとても大切な意味を持ちます。

その時に大切なことは、立派な信仰体験の話をするということではありません。むしろ、失敗を含めた信仰生活を共有してくださることだと思います。「俺たちが若い頃は青年会はもっとたくさんいたんだ」などと言われると、自分たちが責められているように感じてしまう。むしろ、「自分は若い時はどうしようもないクリスチャンだった。でも神さまの憐れみの中で、ギリギリの信仰生活だったけれども、こうして信仰者としての歩みを送ってこられたんだ」というような分かち合いをしていただいたほうが、「自分のいまの信仰生活はだらしなくてだめだけど、信仰を持って歩んでいけばこういう家庭を築くことができるんだ」という希望を持つことができるわけです。

若者たちは――当然のことですけれども――自分の親しか見てきていません。立派なクリスチャンホームで育った子の中には、「自分はああいう親にはなれない」というコンプレックスを持つ子もいます。そういうときに、教会の中のいろいろな家庭がご自宅を開放してくださると、「自分はこのパターンだったらいけるんじゃないか」と思うかもしれないのです。あの人はいつも教会では役員をやって偉そうだけれども、家に行ったらぜんぜん違う！　とかですね（笑）。実は若者たちは、そういう顔を見せていただくときに、自分たちもこういう大人であればなれるかもしれない、という具体的なモデルを見つけることができるのです。そうすることで、若者たちに信仰を持ち続けることへの希望を与えることができるわけです。

生活の中での交わり

私が関西にいたときに、あるキャンプの中で、一人の高校生の女の子に出会いました。その子に「キャンプどう？」と聞くと、彼女は、「キャンプは最高やけど、家帰ったら最悪や」と言うのです。それを聞きながら、家庭に何かあるんだろうなと思いながらキャンプを過ごしていました。そのキャンプのメッセージの中で、「家族のために祈ろう」という話をしたときに、彼女とバシッと目が合いました。そして、その目を見ながら、「彼女は家族のために祈れないんだろうな……」と思うと、少し悲しくなって、メッセージ中にもかかわらずうるっときたわけです。すると彼女はそのメッセージが終わったあとに私のところに来て、

「先生、なんで泣いた？」と聞いてきたのです。「いやいや、お前、家族となんかあんねやろ？」と聞くと、彼女は自分の話をしてくれました。自分の父親が自分のことを殴り続けてきたこと。小学校四年生の時にその父親から、「お前のホンマの親父《おやじ》を探しに行け」と言われて、自分のほんとうの父親はこの人ではなかったということを知ったこと。よその家では親が子どもを殴らないいんだということを知って、どういうわけか、よその家で何かを出してもらっても、口から戻してしまうということ……。

「ホンマ、よう生きてきたな」としか言えませんでしたけれども、「ええからうちに来い」と言いまして、わが家に連れてきました。わが家の子どもがまだ一歳か二歳の頃でしたけれども、その子のことを「お姉ちゃん、お姉ちゃん」と言って慕うようになりました。そのうちに彼女は、わが家に来るときは「ただいま～」と言って玄関を開けるようになりました。うちから出かけるときには、「行ってきま～す」と言って出て行くようになりました。最初は何をしても「ありがとう」と言いませんでした。「そんなん困る」と言うんです。してもらったことがないからです。「ええから食え」、「ええから泊まれ」と言い続けました。そんな彼女が、ある時に――親はお金は持っていたものですから――留学した先からメールをくれました。「先生、彼氏ができた。いままで男の人を好きになるなんて思わなかったのに。超ビビってる……」

崩壊した家庭の中で成長してきた青年の中には、自分も家庭を持ったら同じようになってしまうのではないかという不安を抱えている人もいます。そういう彼らにも、決して完璧ではないけれども、信仰を持って生きていくならばあたたかい家庭を築けるのだという希望を与えることができるのです。

特に、進路や恋愛、性、そして罪の問題になると、礼拝後の一〇分程度の立ち話ではどうにもならないわけです。後ろの時間の決まっていない、落ち着いた空間の中でこそ、彼らは「ここには自分の居場所があるんだ」、「ここには聞いてくれる人がいるんだ」、そして何か失敗や罪を犯したとしても、「悔い改めてまた新しくやり直すことができるんだ」ということを経験することができるのです。

悩む場所の提供

私はよく、若者に「きちんと悩もう」と話します。この言葉は、彼らに「届く言葉」です。信仰を持つということは、すっきり、さっぱり生きるというような誤ったイメージがあると思うのです。しかし、信じるからこそ、真剣に愛するからこそ、悶々と悩むことがあるということを、私は彼らと共有したいと思って、彼らに語りかけます。人生のさまざまな問題が起きたときに、そんなに簡単に答えを出さずに、じっくりと祈りながら、神さまの前に踏みとどまることを支えたいのです。そうすることで彼らは、若いときの葛藤を、信仰を持って乗り越えて生きていくことができるようになるのです。

他教団・他教派の若者との交わり――超教派の活用

また、手前味噌のようなところもありますが、他教団・他教派の若者との交わりも、若者の信仰を成長させてくれるものとして挙げられます。私がＫＧＫで受けた最大の恵みは、「超教派」の交わりでした。ＫＧＫの集まりに行くと、いろいろな教派の学生がいます。お祈りの途中に何度も「アーメン、アーメン」という人がいたりするわけです。「この人は何回『アーメン』っていうのかな～?」と数えたことさえあります（笑）。あるいはまた「ウェストミンスター信仰告白では……」というようなことを言い出す人もいるわけです。会衆制の教会で育った私にとっては、「なんだその寺の名前は?」と思ったりしたこともあります（笑）。

自分が育ってきた教会と違う伝統を持つ教会の人に出会う。そこで初めて、「自分はなぜいまの教会にいるのか?」というふうに自分の教会を見つめ直し、それが自らの教会のもつ長所と短所を知る機会となります。そこで、神さまが自分をこの教会に遣わされた意味を考えるようになるわけです。それまでは教会の中でお客さんであった。お世話をしてもらうのが当たり前の存在であった。それが、外で自分と違う教会・教派の若者と出会っていくときに、自分がこの教会にいることの存在意義を考えるようになるわけです。若者の少ない教会にいることを残念に思うこともあるかもしれませんけれども、そこにも実は意味があるのではないかと、自分の教会生活を見つめるようになる。

私もKGKの主事たちから、「自分の教会を愛しなさい」、「自分の教会を建て上げることを大切にしなさい」、「自分たちは祈られて、この超教派の集まりに送り出されていることを自覚しなさい」という言葉を何度も聞かされてきました。

私は大学生の時に、それまで育ってきた京都府の福知山の教会を出て、大学のそばにある京都市内の小さな開拓教会に出席するようになりました。一〇人に満たない開拓の教会において、一番年齢の近いのは三十数歳の方でした。当時一八歳の自分は、「この人との交わりを青年会と呼ぶのはつらいな……」と思っていました。それなのに、近くの同じ教団の教会には若者がたくさんいました。当時は、「なんでその教会に移っちゃいけないんだろう」と思いましたけれども、その時に、同じような小さな群れで奉仕するKGKの仲間たちに出会いました。彼らはその小さな群れに留まって奉仕を続けているのに、自分はなぜ迷っているのだろうか。このような問いを抱いたことは、私にとって、自分の教会・教派を愛するための大きなチャレンジとなりました。学生時代に広く他教派の人と出会う経験は、今後の自分たちの教団・教派をどのように担っていくのかという意識を成長させてくれる機会となります。

また、同世代のクリスチャンとの出会いからは多くの刺激を受けます。私がいくら声を大にして語っても、「それは主事だからでしょ」、「牧師だからでしょ」という顔をして学生たちも聞いているわけです。けれども、同じ年齢であったり、あるいは年下の学生が本気で神さまを信じている姿を見たりすると、「あれ、オレはこのままでいいのか？」と考えさせられます。同世代の人との出会いから与えられる影響は、いくら大人が関わっても与えることができないほどの、大きな意味を持っています。

ですから、ぜひキャンプに小学生、中学生、高校生、大学生たちを送り出していただきたいと思います。お子さんが何人もいらっしゃると、キャンプに参加するだけでお金がかかります。しかし私は、信仰継承にはお金をケチってはいけないと思っています。お金がかかるんです（笑）。むしろ、きちんとした信仰の友を得ることができる場所に送り出してあげる責任を、私たち親は、あるいは教会は負っているのです。

先日奉仕にうかがった川崎のある教会では、「ダニエル・プロジェクト」というファンドを教会内で集められたそうです。牧師も給与一か月分を献げ、若い世代が良い経験をすることができるように金銭面で支えるそうです。人が育つのにはお金がかかるのです。

世界大の交わりの経験

また、世界大の交わりに送り出してあげることも大切です。日本にいるとどうしても、クリスチャンはマイノリティ・コンプレックスにとらわれてしまいます。「自分はなんでこんなに肩身の狭い思いをしなくてはいけないのだろう」と。しかし、世界大のクリスチャンの交わりに出て行くときに、「このクリスチャンの数の少ない日本で、自分が先にクリスチャンとされた意味は何か?」と考えるようになります。神の国の広がりを見たときに、むしろ自分の置かれた場所を神さまの派遣の地として考えるようになるのです。

KGKでも、アジアのクリスチャンとの交わりを持つ中で、緊迫した東アジアの中で日本人のクリスチャンとしてどのように神の国を建て上げていくことができるのかを考えさせられるチャレンジになります。

⑶宣教の課題

具体的な奉仕の委任――教会を建て上げていく喜びの共有

続いて、奉仕の課題・宣教の課題です。戦後、新しい教会が建て上げられていったときに、必要に迫られて、多くの若者が役員あるいは長老・執事の働きを担い、教会が形成されていきました。若いうちにその責任を負った人々が、ほとんど代わることなく、いままでその奉仕を担ってこられた教会が多いのではないかと思います。しかし、世代交代がないままに現在まで至ったことで、いまの若者たちに奉仕の場所がないという現状があるのではないかと思います。

しかし、若い人たちに奉仕を引き継ぐときに起こってくることは、「失敗」です。あるいは、「丸投げ」することによって、彼らをつぶしてしまうことも起こるでしょう。

奉仕の失敗につきあい、共に責任をとる

しかし、若者が失敗したときに、それを共有して、共に責任をとろうとしてくれる大人がいると、若者は教会の奉仕の業に主体的に参加する喜びを得ていくようになります。若者に教会の重要な奉仕を任せる時に必要なことは〈忍耐〉です。彼らと一緒にやると、時間がかかります。なおかつ、若者たちのわがままや自己中心に振り回されることも経験するでしょう。しかし、失敗を共有してくれる存在がいると知ったときに、若者たちは「教会というところは失敗しても、憐れみによってもう一度やり直せる場所なのだ」ということを知ることができます。

私も学生時代に中学生キャンプの準備をしていたことがあります。中学生たちが喜ぶプロ

グラムは何かと考えて、「コーラ一・五リットル一気飲みゲーム」とか、くだらないプログラムをいっぱいやりました（笑）。そうしましたら、そのキャンプの講師の先生から、「このキャンプは霊的じゃない」とお叱りを受けたことがありました。私たち学生は、「なにが霊的だ！」なんて言いながら反発していましたけれども、顧問の先生が「いいよ」と言ってくださったのです。「私たちが全部責任はとるから、やっていいよ」と言ってくれたのです。

いま私はこの年になって、あの時の言葉の重みがよく分かるようになりました。顧問の先生たちは、私たちが知らないところで、講師の先生に頭を下げてくださっていたのです。若者たちは分かったような顔をして失敗をします。それでも、やらせてあげないと分からないことがあるのです。「その責任は全部私が負うから」と言ってくださったことで、私はあの中学生キャンプの奉仕を最後まで喜んで全うすることができました。

私が生まれ育った京都の福知山というところはほんとうに田舎の町です。私が高校生の頃、クリスチャンのシンガーソングライターの小坂忠さんが全国を回って教会・キャンプで奉仕をしておられました。若者たちの間から、「小坂さんに来てもらいたいね～」という声があがりました。そうしたら高校生科を担当してくださっていた葛野《かどの》さんという方が、「いいよ、呼びなよ。高校生科の主催で集会を開こうよ」と言ってくださったのです。

その集会には八〇人ほどの高校生が来てくれました。田舎の町で八〇人もの高校生が来てくれるというのはすごいことです。そうしましたら葛野さんが、「すごいね〜。全部自分たちでできたじゃない」と言ってくださったのです。僕らも「そうだ！」と思っていましたけれども、振り返ってみると、全部やってもらっていたのです。「講師が泊まるホテルはこうやって予約するんだよ」とか、「謝礼はこうやって渡すんだよ」とか、全部の道備えをしてくれていました。高校生であった私たちは、まるで自分たちでできるかのような思いにさせてもらい、自分たちは教会で役に立てるのだという充実感を持たせてもらい、花を持たせてもらいながら育ててもらっていたのです。

若者たちが持ってくる独創的なアイディアは、大人からすると、失敗する予測がつきます。その失敗を見越しながらなお、失敗につきあってくれる大人がいるときに、彼らは主に用いられるということが喜びになっていくのです。

⑷信仰的・実際的訓練

届く言葉で、正しい教理教育を

続いて、信仰の実際的な訓練の問題です。クリスチャンホームの子どもたちは、聖書の物語をよく知っていると思います。私も教会学校からずっと聖書の話を聴いておりましたので、ダビデとゴリアテの話を聴くと、「はいはい、そろそろ石投げま〜す」と、先生が話す前に言ってしまうような子どもでした（笑）。けれども、ダビデとゴリアテの物語は知っているけれども、この物語が自分の人生にどのような意味を持つかは彼らは知らないわけです。つまり、聖書の言葉が自分の人生の支えにまではなっていないのです。

ある学生に、「救われていることはどのようにして分かる？」と聞くと、「う～ん、人を赦せるときかな～」と答えてくれました。これは、人を赦せるときは自分が救われていると感じることができるけれども、自分が人を赦せなくなると、救いもまたどこか遠くに飛んでいってしまうということを意味しています。信仰を感情や感覚の問題だと思っているのです。

大切なことは、聖書が教える正しい教理を、彼らに届く言葉で語ることです。そうでないと、中学生になって、聖書の言葉よりも、テレビや雑誌やインターネットの人生相談のほうがいいことを言っているような気になってしまうのです。学校の部活の顧問やバイトの店長のほうが心に染みる話をしてくれたりするわけです。聖書の教えが自分の人生にどのような意味を持っているのかを、私たちは若者たちの心に届く言葉で語らなければならないし、その言葉を探り求めなくてはいけないのです。

あるとき私の母が――『おかんとボクの信仰継承』（いのちのことば社、二〇一三年）にも書きましたが――教会で教理の学びをしてきました。帰ってきましたら、私が捕まえられまして、奥の部屋に連れて行かれて、「いまから教理の学びをやるで～」とか言いまして

（笑）、「神」「罪」「救い」について順序よく説明してくれました。そうして、「罪」のところに来ましたら、突然母が、「私は罪人や〜、それでも自分はイエスさまの十字架によって……（涙）」と声に詰まって泣き出すわけです。その勢いで、「重徳、あんたもまだ言うてへん罪があるやろ〜（涙）」と迫ってきました。私もその波に呑み込まれまして、「ある〜（涙）。ぼくも……」と話をしました（笑）。そうして十字架の罪の救いの話まで行き着きました。おそらく私が小学校四年生の頃の話です。まだ幼かったとはいえ、その時の対話は、自分の信仰の太い骨格になりました。

聖書的世界観の確立――若者の生活に即した学びと生活

聖書の物語だけではなくて、聖書が語る救いの枠組みを語るということはとても大切なことです。そして教理と実際の生活が一体となる学びと訓練をする必要があります。つまり、神さまの力が及ぶ範囲と及ばない範囲があるかのように考えている学生たちに、毎日の具体的な生活に及ぶ神のご支配を語るということです。そうすることによって、先に挙げました若者世代特有の三つの課題、「自分のアイデンティティ」「恋愛・性・結婚」「未決定な将来への不安、職業観」を、神さまの前に生きる人間として、リアリティを持って考えることができるようになるのです。

ＫＧＫでは、「男性合宿」「女性合宿」という男女別の合宿を行って、同じ悩みを抱えている同世代と率直な分かち合いをします。今月も仙台で合宿を行います――男性しかいませんから、賛美の声なんかも野太いんです（笑）――。そこで私は、「録音禁止」と言って、「ピー音」（放送禁止用語）満載の話をします。牧師がここまで言うのか、主事がこんな話をしていいのか、というようなことまで実直に話したときに、学生たちは、「いや……、実は自分もこのことはずっと苦しんでいて……」というように話をしてくれるようになります。

特に、性の問題を抱え、黙って教会を離れていく若者たちが多くいる中で、私はいま「赦し」と「救い」、そして「聖化」をどこまで語り抜けるかというチャレンジを受けています。

また、就職や進路の学びについても、若者たちに聖書的な労働観を語る必要があります。教会には多くの社会人の先輩がいるわけですから、ぜひ信仰者としての労働の意義を話していただきたいと思います。さらには、歴史や国家や平和の問題も、これを信仰の事柄として捉えていく手引きが必要でしょう。緊迫する世界情勢、またアジアの空気の中で、何をどのように考えればよいのかを考える力が必要なのです。

祈りの訓練

そして最後に、実際的・信仰的訓練の中でも最も必要なこととして「祈りの訓練」についてお話ししたいと思います。若者たちが祈りの言葉を学ぶのは、先輩のクリスチャンとの祈りを通してです。

私が高校生の頃、韓国からの宣教チームが来たときに、ある役員の方が「日本の教会がアジアで犯した罪をお赦しください」と祈られました。私はその時に初めて、このような歴史の事柄が自分たちの祈りの課題になるのだということを教えられました。

二〇一一年、東日本大震災があり、多くのボランティアの学生と一緒に東北を訪れました。その時にも、ボランティア作業だけではなくて、夜には御言葉と祈りの時を持ちました。この悲惨な光景を前にしながら、私たちは毎晩、御言葉の分かち合いをし、祈りの中で、「神はどこにおられるのか?」ということをたずね求めました。そうしますと次第に、ノンクリスチャンの若者たちのほうから、「自分たちも祈っていいですか」と言ってくるようになりました。彼らもまた、その交わりの中で、神との出会いの体験をしていったのです。私たちはだれかと祈ることによって、「祈りとは何か」ということを学んでいきます。

私の出身教会が無牧になったときに、ある役員の方が、「しげちゃん。教会のために祈ってくれへんか」と言ってこられたことがあります。その方は続けて、「オレも教会のために良かれと思ってやってきたけど、間違っていたこともいっぱいあったと思う。オレのためにも祈ってくれ」と言われました。私はそのとき高校一年生でしたけれども、つたない言葉で一所懸命にその教会のために祈りました。そしてその祈りのあとに、「しげちゃん、ありがとな。しげちゃんはオレの友だちやからな」と言われました。私からしたらとてもとても友だちなどと言うことのできない、自分の信仰を育ててくださった大先輩が、若い私のことを「友」と呼び、私の祈りが必要だと言ってくださったのです。

私たちは若い彼らのために祈っているかもしれませんが、若い彼らに祈ってもらうということをしているでしょうか。彼らもまた教会のために祈ることで、教会に連なっていく体験をしていくのです。

ある若者が水曜日に教会に忘れ物を取りに行って、そのときに行われていた祈禱会で、自分の名前を挙げて祈られていることを知って、自分が教会のために祈ってこなかったことを深く悔いて、それから自分も祈禱会に参加するようになったという話を先日聞きました。教会の祈りの課題を青年たちに共有して、教会のために祈ってもらう。そして若者たちが祈りの場に出てこられるような祈禱会の場を用意する。彼らが参加できる祈禱会のかたちというものも、私たちは模索していく必要があるのだと思います。

6　失敗につきあう大人たち――聖霊論的パースペクティブから

さて最後に、私たちが行う若者宣教の基礎と方向性についてお話しして終わりたいと思います。ここに、今日の講演に「失敗につきあう大人たち」という副題を付けさせていただいた理由があります。

私は、「若者」と「教会」には一つの並行関係があると思っています。若者がさまざまな葛藤と失敗を経て成長していくように、キリストの体なる教会もまた、終末になって完成に至るまでは、大人にはなりえない存在だということです。この意味では、教会もまた地上では「青年期」を送っていると言えます。教会は「キリストの体」として表現されているように、成長し続ける存在です。教会は、地上ではイエスさまが再び来られた時に完成することを待ち望む存在であって、決して完成しない「途上性」と「未完成性」を持った存在です。もし教会が、自らを既に完成した、成熟した存在であるかのように自己認識しているとするならば、若者が高慢な態度をとり、自分で何もかもやっていけるかのように思い込んでいる姿に重ねられます。ここに「若者」と「教会」の並行関係があります。

しかし、教会がキリストの体として成長し続けることができたのは、聖霊なる神が歴史の中でたえず教会の傍らで、その成長を忍耐とうめきをもってとりなしてこられたからです。そして教会が歴史の中で神さまを裏切る行為を何度となく続けてきたとしても、聖霊なる神は、教会をあきらめず、キリストを指し示し、また歴史の中で起こってきた教会の多様性を認め、教会の失敗につきあってきてくださったのです。

　それでは、若者の傍らに立ち、忍耐し、失敗につきあい、祈り続けてくれる存在はだれなのでしょうか。それは言うまでもなく、説教と聖餐によってキリストのリアリティを差し出すことのできる教会です。

　教会が未完成で途上性を持った次世代への伝道をするときに、その過程で、教会もまた自らの未完成性と途上性を認識させられることになります。若者と共に生きるということは、多くの場合、失敗がつきものです。若者が求める教会への主張に耳を傾けるとき、私たちはその未熟さにあきれ、奉仕を任せることに危うさを感じることでしょう。築き上げてきた教会の歴史と伝統を乱されるような感覚に陥るかもしれません。しかし大切なことは、その時にこそ、教会が決して譲ってはならないものは何か、教会が教会であるために必要なものは何か、という問いを教会自身が考えるということです。

　自分たちの教会が「伝統」と呼んできたものの本質が問われ、当たり前だとしてきた物事の中に隠されていた人間的なものがあらわにされることさえ起こります。そこで私たちは、自分たちの受け継いできた信仰の言葉が再点検され、次の時代に伝えていかなければならないものを改めて磨き直すことができるのです。使い古された言葉ではなく、この時代に生きた信仰の告白として継承すべき福音の言葉を選び取っていくのです。そうすることで、教会は絶えず次世代に信仰を継承してきたのです。

教会が若者を見つめ、育てるということは、若者の訓練と成長ということだけではなく、教会が訓練と成長の中を生きるということであり、教会が若者と生きるという決意をするということは、自らが真に終末に生きる存在とされていくということなのです。

聖霊なる神さまは、教会が終末に至る完成を目指すために、自らと同じく未完成で途上にある若者と共に生きることを通して、終末に生きる健全な教会の形成へと私たちを導いておられます。若者のそばに立って、その失敗を共にしていく若者伝道というのは、教会もまた「未完成」で「途上にある」という終末的な教会理解にわれわれを引き戻してくれる、大切な教会の営みなのです。

おわりに

教会が今日まで歴史の歩みをやめなかったのは、聖霊なる神の深いとりなしの祈りによります。それは私たち自身を振り返ってもよく分かるのではないかと思います。自分が今日まで信仰生活を続けてくることができたのは、ここにおられるだれ一人として自分の力ではなかったはずです。多くの先輩の祈りと忍耐と愛の実践によって、私たちは育てられてきたのではないでしょうか。

若者宣教はまさしく、この「忍耐をもって祈る」という言葉に凝縮されているように思います。失敗につきあうのには忍耐がいります。若者を家に呼んで食事をさせるには、お金も時間も労力も必要です。若者を家に呼ぶと、よく食べます。しかし、手みやげは持ってきません。遠慮もありません。おかわりもします。そして、同じ話を何度もします。時間がかかります。そして夜はなかなか寝ません（笑）。そして、どれだけ時間をかけたからといって、その若者が真っすぐに主を仰ぎ見るかというと、そんなことはありません。裏切られるような言葉と共に去っていくケースも多々あります。こちらが語り続けてきたことを、まるで自分が発見したことのように誇らしげに言ってくることもあります。けれども、それでいいのです。彼らが彼らの言葉で神さまとの出会いを表現していくことを、私たちは喜ぶのです。これこそ、主イエス・キリストが私たちに「受けるよりも与えるほうが幸いである」と言われた言葉の実践なのです。

若者と生きるということは、私たちがなお途上にあることを教えられ、私たちもまた神の忍耐と聖霊のとりなしの中を歩んでいることを自覚させられる機会となります。神の忍耐と聖霊のとりなしによっていまの自分があるのだから、あのような若者たちもまた変えられないはずはないと信じて、若者と共に生きるのです。

大切なことは、「最近の若者は……」と言わないことだと思います。あるいは、よそから先生を呼んできて、「うちの若者たちに活《かつ》を入れてやってください」なんて言わないことだと思います。尊敬のないところには、育成はありません。大切なことは、「自分の気に入るような若者が欲しい」、「自分たちにとって都合のよい若者が教会にいればいいのに」という誘惑から解放されることだと思います。あなたの教会にいるこの若者、あなたの地域にいるあの若者こそ、若者伝道の出発点なのです。

今日お話しさせていただいたことは、効果的な伝道方法や、どうしたら若者を集められるかというマニュアルではありませんでした。なぜなら、いまむしろ問われているのは、効果的な伝道方法や説教の話術・テクニックではなく、若者と人格的な交わりをしてくれる大人たちが存在してくれるかどうかということだからです。

それでも、「こんなに忙しい日曜日のスケジュールの中で、どうしたらよいのですか？」とご質問をいただくことがあります。しかし、人が成長するのには時間がかかります。自分たちがそうであったように、です。そうであるならば、忙しいという時間の使い方をもう一度見直して、自分たちがどこに価値を置くべきかを考え直す必要があるでしょう。地道に、誠実に若者と向き合ってくださる人格的な交わりこそ、この時代にあって骨の太い、息の長い、若い信仰者を育てていくことになる、何よりの近道なのだと思います。私たちは時代と文化に迎合する若者宣教ではなく、またイベント屋になるのでもなく、むしろ神と人との人格的な出会いによる若者宣教を行っていきたいと願います。

第２章　若者に伝える教会――教会教育と信仰継承

はじめに

昨日から「若者と生きる教会」という題でお話しする機会を与えていただき、心から感謝をしております。私はキリスト者学生会（ＫＧＫ）という超教派の大学生伝道の団体で働いておりまして、学生たちと共に大学や集会で聖書を読み、学び、祈るだけではなくて、日頃から多くの教会からお招きをいただいて、礼拝や伝道集会などでご奉仕をする機会を与えられてまいりました。

その中で気付かされたことは、私がご奉仕にうかがう教会、あるいは教団には、青年がいないどころか、牧師がいないというところがけっこうあるということです。一人の牧師がいくつかの教会を兼牧されているというケースも多々あります。教団・教派で公開されている情報を調べたところ、いまの日本の教会の中での兼牧率は、日本基督教団では八・九％、そして聖公会ではなんと三九・三％にのぼるというのです。今回、このご奉仕をさせていただくにあたりまして、友人の牧師に聞いたところでは、日本基督教団では毎年、信徒総数が五〇〇〇人減少し、現住陪餐会員数も毎年一〇〇〇名減少しているとうかがいました。それは、主流派、メインラインと呼ばれる教会だけのことではありません。以前は飛躍的に信徒の数を伸ばした福音派も例外ではありません。日本では、どこの教団・教派でも、いまは信徒も教職の数も減少しているというのが現状ではないかと思います。

そして牧師、信徒の減少は、当然献身者の減少にもつながっています。現在、牧師たちの平均年齢を算出しますと、六一歳になるそうです。信徒の平均年齢がどれくらいになるのか詳しいデータを持っておりませんけれども、――個別の各個教会ではそのようなデータがあるかもしれませんが――おそらく全国を見渡しても若年化した教会というのはほとんどないのではないかと思います。

それだけではありません。先日、東北の教会にご奉仕にうかがうことがありました。その教会の牧師は、ひと月に二度、自分の教会での午前の礼拝を終えられたあと、車で二時間をかけて、もう一つの兼牧している教会の礼拝に説教をしに行くというのです。私もその牧師の車でもう一つの教会に同行しました。その教会には、若い牧師を招聘するだけの財政的な基盤はありません。将来的なことを考えれば、教会閉鎖も視野に入れなければならないのではないかとさえ感じました。
このようなことは、子どもたち、若者への伝道にも大きな影響を及ぼしています。子どもたちへの伝道、教育の場としての教会学校をいまも行っている教会は、およそ五〇％ほどだと言われています。
どうしていま、私たち日本の教会はこのような状況に陥ってしまったのでしょうか。

今日の講演ではまず、私の属しております日本福音自由教会が最近とりましたデータをご紹介しつつ、戦後からいまに至るまでの時代の移り変わりを見てまいりたいと思います。この中に出てくるＣＳというのは小学科、ＪＬＣ（Junior Life Club）は中学科、そしてＹＬＣ（Young Life Club）というのは高校科のことです。

福音自由教会とは

私の属する日本福音自由教会は、戦後すぐの一九四九年に日本を訪れたアメリカ人宣教師の伝道から始まった、比較的新しい教会です。今年（二〇一四年）で設立六五年になります。穏健なカルヴァン主義の伝統に立ち、簡易信条を持つ、会衆制の教会です。もともとは北欧で国教会から独立した自由教会がルーツになります。アメリカのシカゴにありますトリニティ神学校がこの教派の神学校として知られています。

日本では最初、埼玉県の浦和から伝道が始まりまして、その後、関西・京都にまで伝道の手を伸ばしていきました。この教派の特徴としましては、とりわけ開拓伝道を非常に大切にしてきたことが挙げられるかと思います。そのために、子どもたちへの伝道が当初から非常に盛んであったようです。戦後のキリスト教ブームや教会学校人気も相俟って、伝道が始まった頃は、子どもたちがたくさん教会に来ていました。

現在、この日本福音自由教会に属する教会は、全国に六一あります。会員数、礼拝出席者数は、教会の増加もありますが、伝道が始まったときからオウム真理教事件の起こる一九九五年まではほぼ右肩上がりと言ってよいかと思います。このオウム真理教事件の時には、全国で合計すると四〇〇人以上の礼拝出席者が減少いたしました。その後は微増というのが現在のところの推移です。

教会学校の参加者の減少

このグラフ（次頁）を見ますと顕著なのは、教会学校、中高科の参加人数の減少です。一九八〇年代は教会学校の出席人数が礼拝出席者よりも多く、一九八四年（当時三八教会）まではこの傾向が続いていきます。

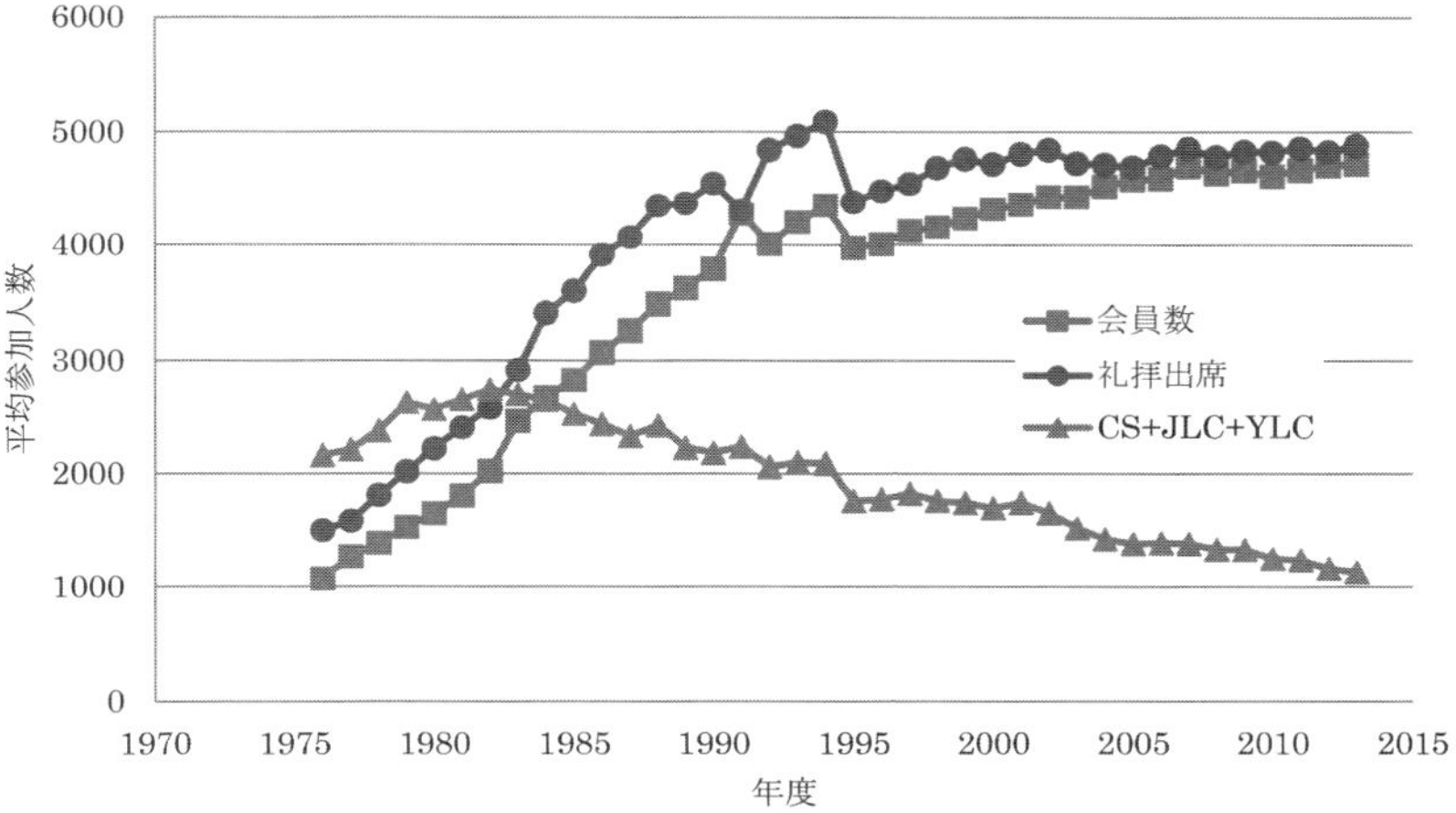

教勢資料１　会員数・礼拝出席数とユース

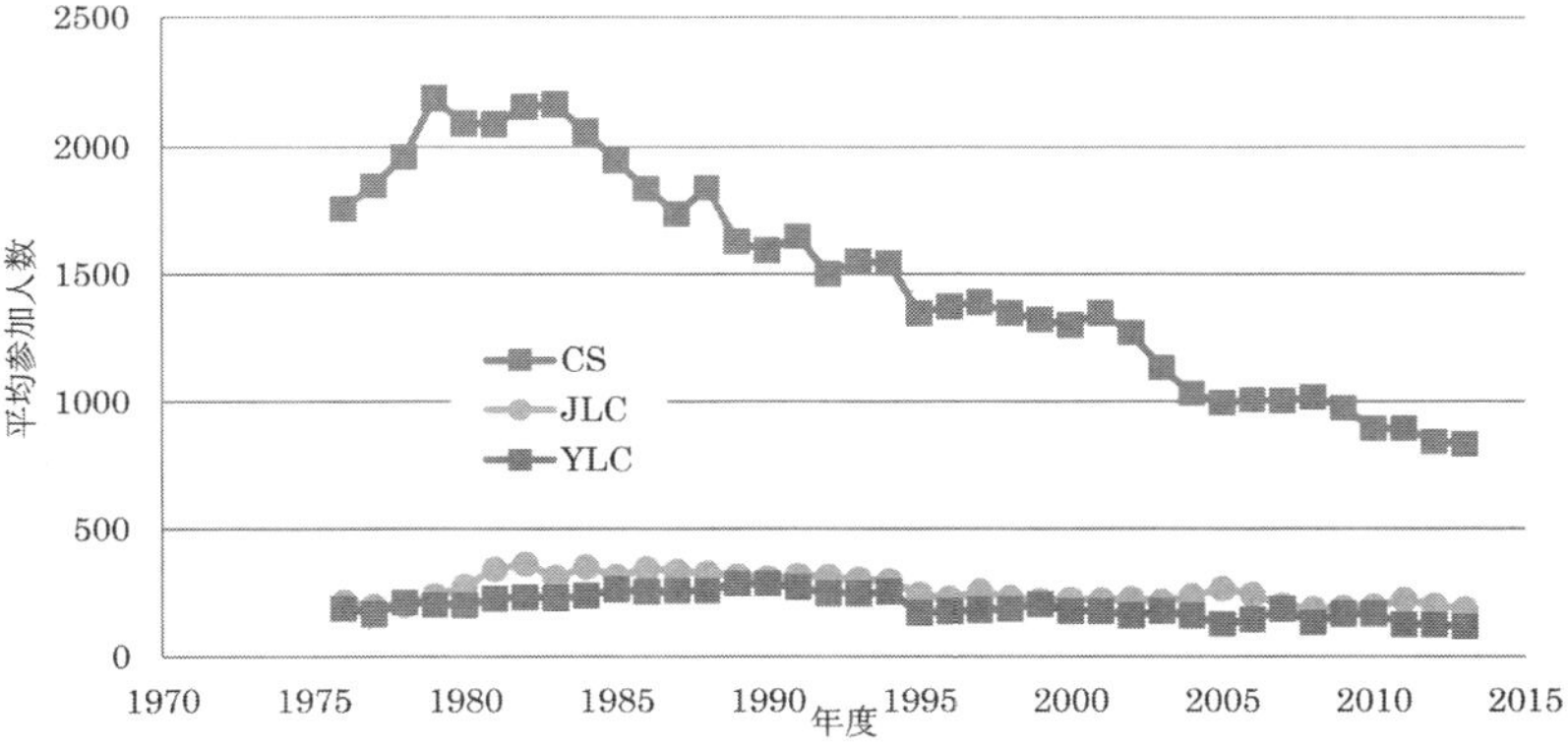

教勢資料２　ユース参加者の内訳

　また、このグラフを作るもとになったデータでは、一教会あたりの教会学校と中高科の参加者の割合も出しています。それによりますと、一九八〇年には一教会あたりの教会学校の平均出席人数が八五名だったのが、一九八九年には四八名になっています。そして一九九九年には、一九九五年のオウム真理教事件のあおりを受けまして、二八名まで出席者が減少しています。いま現在、福音自由教会に属している全国六一の教会学校の平均出席者は、一八名となっています。また、小学科を除きますと、中学科の平均が三名、そして高校科の平均は二名を切っています。

　先日私たちの教派の牧師会で発題した際には、「実際にはこれだけの数の子どもたちが教会にいるとは思えない」という声さえあがりました。しかも一人、二人の方の意見ではありません。むしろ、現場にいる牧師の実感とさえ言ってよいのではないかと思います。

減少の理由

　子どもたちが教会学校に参加しなくなった理由についてはいろいろと考えられると思いますけれども、その理由の一つは「少子化」だと思います。子どもの数自体が減っている。特にこれは地方で顕著に見られるものです。

　もう一つは、「治安の悪化と宗教に対する恐怖心」です。変質者の増加の報道をはじめ、治安に対する不安は以前よりも強くなっているように思います。学校でも保護者への手紙の中に、不審者に対する注意などが書かれていることがあります。また、一九九五年のオウム真理教事件以降は、宗教への恐怖・警戒が強くなって、小学校の前で教会学校の案内やイベントのチラシを配ることも難しい状況になっています。そのような社会的な背景もあり、子どもたちだけで教会に行かせることへの不安を抱える親も多くなりました。

さらには、「子どもたちにとっての魅力的な娯楽の増加」が挙げられます。娯楽の少なかった戦後や高度成長期とは違って、教会での紙芝居やアクティビティ、また聖書のお話は、いまの子どもたちにとってそれほど魅力あるものとは思われていないのです。時代に合った教会学校教育や教材研究の開発が遅れたということもあるでしょう。

さらに、福音自由教会では、伝道開始から六五年を経る中で、教会の構成メンバーが変化し、当初は教会の伝道活動の最大の焦点であった子どもたちが、むしろマイノリティとなっていきました。若い頃に洗礼を受け、教会に仕えながら、一時代を築き上げてきた信徒の方々が高齢化していく中で、その方々への牧会的な配慮やニーズに応えていくことに予算を使うことが求められるようになっていきました。

また、福音自由教会は教会学校教育に力を入れてきた教会だとは思うのですが、それでも、教会以外、特に家庭における信仰教育や信仰継承の営みが適切になされていなかったのではないかという反省もあります。

神の国と子どもたち

さて、今日の「教会教育と信仰継承」という具体的な発題に入らせていただく前に、聖書を一か所開きたいと思います。マルコによる福音書10章13―16節です。

　イエスに触れていただくために、人々が子供たちを連れて来た。弟子たちはこの人々を叱った。しかし、イエスはこれを見て憤り、弟子たちに言われた。「子供たちをわたしのところに来させなさい。妨げてはならない。神の国はこのような者たちのものである。はっきり言っておく。子供のように神の国を受け入れる人でなければ、決してそこに入ることはできない」。そして、子供たちを抱き上げ、手を置いて祝福された。

この箇所はこのように始まっています。「イエスに触れていただくために、人々が子供たちを連れて来た」。ところがここで、「弟子たちはこの人々を叱った」とあります。ここで「子供」と訳されている言葉は、ギリシア語で「パイデイオン」という言葉です。幼児から一二歳くらいまでを指すといわれています。ここでは、イエスさまが子どもたちを抱き上げておられますから、おそらく乳幼児も含んでいると考えてよいでしょう。

この物語で問題になるのは、弟子たちが「叱った」という箇所です。なぜ弟子たちは子どもたちを連れてきた人々を叱ったのか。その理由は聖書には記されていません。しかし、いくつかのことが考えられます。例えば、イエスさまがその時に疲れておられて、その様子をおもんぱかって、弟子たちが気を利かせたのではないか。また、古代ユダヤでは子どもたちはまだ価値のない者とされていたので、弟子たちが排除しようと考えたのか。あるいは、イエスさまの説教が子どもたちの騒ぐ声でかき消されることのないようにと考えたのではないか。

いくつかの理由が考えられますけれども、聖書には、イエスさまがその弟子たちの態度に「憤り」を覚えられた、ということだけが記されています。「主が憤られる」という表現はマルコによる福音書独特のものです。しかしここにも、子どもたちを軽んじる者たちに対するイエスさまの厳しい態度と、子どもたちを見るあたたかなまなざしが鮮やかに示されています。

そしてこうおっしゃいました。「子供たちをわたしのところに来させなさい。妨げてはならない。神の国はこのような者たちのものである」。ここで注意しなければならないのは9章36―37節にあるように、子どもたちのように謙遜に神の国を受け入れることの大切さが教えられているのではなくて、「神の国はこのような者たちのものである」と言い切られているということです。「このような」という指示代名詞は、「この種の」とか「この階層の」という意味です。つまり、子どもたちも神の国の住人であり、神の国に場所を持っていることが示されているのです。そして主は、子どもたちを祝福されました。この聖書の物語は、私たちの教会のあり方、また子どもたちへのまなざしそのものを問うていると言ってよいでしょう。

1　子どもと共にする礼拝

⑴「大人の礼拝」という言葉

日本の教会には「大人の礼拝」という言葉があります。皆さんの教会ではこういう表現は使われていますでしょうか。いつ頃から、どこで使われ始めた言葉なのか分かりません。一度きちんと調べてみる必要があると思いますけれども、この言葉は、私たち日本の教会の礼拝における子どもたちの位置を表していると思います。「礼拝は厳粛に行うべきだ」、「子どもたちがいると落ち着いて礼拝ができない」、「やかましい」、「子どものしつけができていない」、「そもそも子どもたちには、説教も賛美歌の意味も分からない」、「教会学校に出ていればそれでよいではないか」。

しかし、よく考えてみますと、そこにはイエスさまの前で、イライラしながら子どもたちを追い払おうとしたあの弟子たちと同じ発想があるのではないでしょうか。もちろん、礼拝の厳粛さ、教会の伝統など、それぞれの教会にそれぞれの理由があることはよく分かります。

しかしイエスさまは、「神の国はこのような者たちのものである」と言われました。神の国には子どもたちの場所があると言われたのです。重要なのは、子どもたちも神の国の住人なのだという事実です。地上における礼拝というのは、神の国の前味です。そこにもやはり子どもたちの場所があるはずです。むしろそれは、子どもたちの権利だと言ってよいでしょう。

改革派教会においては、子どもたちは「契約の子」と理解されます。そのような教会では、神の民とされた信者の子どもたちも、神の民の一員とみなされ、神の民のしるしとして洗礼を授けてきました。ですから信徒の子どもたちは、教会員名簿に「小児会員」として名前が記され、自分の居場所を持っているわけです。その上で子どもたちを契約の子、神の民の一員として訓練することを教会の使命と責任として担ってきました。そしてその訓練を、親だけではなく、教会が担ってきたのです。

私が属している福音自由教会は幼児洗礼を行いませんので、献児式というものを行います。

その献児式では教会員も必ず誓約をいたします。神の前にささげられた子どもを、教会が信仰告白に至るまで責任を持って教育し、訓練することを誓うのです。そういうことを大切にしてきた私たちの教会の中では、子どもが礼拝に参加する権利を擁護しなければなりません。そのための牧会的な配慮を、教会がする責任があるのです。ですから、私たちは、教会の礼拝に子どもや青年の場所があるのかということをきちんと考える必要があるのではないでしょうか。

この主イエスの言葉に従って、子どもたちを礼拝に参加させようとするときに、牧師や親はもちろんですが、教会員にとっても強い決意が必要になります。私たちの教会は、「母子室」「親子室」と呼ばれる部屋を持っておりません。あえて造らなかったのです。子どもが泣いたからといって礼拝堂を出て行かなくてよいのです。子どもを抱えながら礼拝に出席する母親や父親たちの、礼拝をする権利を奪ってはいけないのです。もちろん授乳やおむつを替える時などは、ある配慮が必要になります。けれども、家族で、そして教会で助け合いながら礼拝をささげていく方法をいつも模索しながら、子どもと大人が共にささげる礼拝をめざして歩んできました。

⑵説教に子どもたちの場所はあるのだろうか

さて、昨日から特に説教について考えてまいりました。説教の言葉を綴るときに、子どもたちのことを黙想し、説教作成に子どもたちの場所を作ってきたのかということも考え、問われる必要があるでしょう。昨日も少しお話ししましたけれども、教会の世代間の人数の割合は、牧師の年齢の上下一〇歳、そして牧師の子どもの年齢の上下一〇歳がピークになると言われています。それは、牧師が黙想しやすい、そして実存をかけた言葉を語りやすい世代だからです。自分と同じ世代、そして子どもが生まれますと、子どものことを日々考えていますから、自分の子どもの世代にも届きやすい言葉が、説教の黙想の中で生まれてくるのです。そうしますと、教会には必ず世代の谷間が生まれてきます。あるいはまた、自分の息子・娘が成長しますと、説教者は子どもたちへ語りかける言葉を失うわけです。そうなったときには説教者は意識して、説教黙想の中で子どもたちを思いめぐらすことをしないと、子どもたちに届く言葉を語ることができなくなってしまうのです。

先日奉仕をさせていただいた日本基督教団の頌栄教会では、礼拝の途中で、子どもたちがみんな前に出てくる時間がありました。そして牧師も講壇から降りて、子どもたちと同じ目線に立って、今日語る説教のポイントを話しておられました。子どもに届く言葉で福音を語ろうとする先生のお姿がとても印象的でした。イエスさまが子どもたちを呼び寄せられた姿に重なるようでした。

(3)両親に信仰継承を学ぶ機会を設ける

先ほどの箇所を読むときにもう一つ考えるべきことがあります。それは、イエスさまのもとに連れてきたのはだれか、ということです。多くの聖書学者は、まず考えられるのは親であろうと指摘します。

「教会に若者がいない」と言われますが、実際のところは、単純に「若い人がいない」と言い表すよりも、「信仰継承がうまくいかなかった」というのが事実ではないかと思います。戦後に生まれた私たちの福音自由教会で言うならば、戦後すぐにクリスチャンになられた方の次の世代、いまでいえば三〇～五〇代の方の人数が少ないのです。初代から二代目へのバトンタッチに失敗したのです。そこに谷間があるのです。

ＫＧＫで奉仕をしておりますと、三代目・四代目のクリスチャンだという学生に出会うことがあります。彼らからは、信じたばかりの人のような「やるぞ～！」というような燃えたぎるものを感じることはあまりありませんけれども、圧倒的な安定感を持っています。彼らは生まれたときから、おじいちゃん、おばあちゃんを含め、親族のほとんどがクリスチャンだったりするわけです。神を信じるというのが当たり前だという空気の中で幼少期を過ごすと、――小学校に入って「あれ？　神さまを信じているのはオレだけ?!」という衝撃的な事実に出会うわけですが（笑）――思春期や学生時代に信仰についての葛藤や悩みがあったとしても、彼らは御言葉の前に立ち帰っていくようになります。そこに戻ってくるのが、彼らにとって最も自然な姿だからです。

先日、日本バプテスト連盟のある教会で奉仕をさせていただいたときに、「自分は四代目のクリスチャンだけれども、五〇歳になって教会に戻ってきました」という方にお会いしました。自分のこれからの人生を意識したときに、「教会に帰らずには、このまま死ねない」と思われたそうです。それはやはり、この方の幼少期の体験によるものであろうと思います。

では、戦後すぐにクリスチャンになり、家庭を形成した人たちの信仰継承はすべてうまくいかなかったのでしょうか。『おかんとボクの信仰継承』という本の中にも書きましたけれども、私の母は初代のクリスチャン、しかもイケイケのクリスチャンでした（笑）。子どもたちにグイグイ迫ってきました（笑）。私はある時期それがほんとうに嫌でした。なぜなら、初代のクリスチャンは「やるぞ～！」という気合いは入っているのですが、自分が親から信仰を受け継いだという経験がないために、どうすれば信仰が子どもに伝わるのかが分からないことが多いのです。そして空回りするわけです。時には厳しくなりすぎたり、逆に放任主義になったり、あるいはまた教会学校に丸投げ状態になったりします。

しかし信仰継承とは、教会が意識をして学びの場を持ち、皆で考え、文化を形成する必要があります。もう少し言いますと、そこにはある「技術」が必要なのだと思います。「テクニック」です。私は、信仰継承というのは、一種の「伝統芸能」のようなものだと思います。その家の空気や格式の中で受け継いでいくものなのです。歌舞伎の世界では、子どもたちは自我が育つ前に、もうその舞台に立たされるわけです。私たち日本の教会、またクリスチャンホームは、そのような「技術」を持っているでしょうか。あるいはまた、そのような空気をかもし出してきたでしょうか。これは現代の教会が取り組むべき大テーマだと思います。

⑷家庭礼拝の勧めと励まし

私が学びました神戸改革派神学校は、オランダの改革派教会の伝統に立ったところでした。そこではよく、オランダにおける子弟への信仰教育の鍵は家庭礼拝にあると聞かされてきました。一五六八年のヴェーゼル協議会では、契約の子に対する両親の教育の責任が明記されました。また、一五七二年のエアダム大会では、両親が契約の子にどのような教育をしているのかを監督する義務が教会に課せられました。そして、一五八六年になると、幼児洗礼における誓約者（通常は両親）の契約の子に対する教育責任についての誓約条項が含まれるようになりました。子どもへの信仰教育が行われているかを教会がチェックし、指導を行うわけです。一六〇三年のハルダーウェイク地方大会では、教会の規定として、教会役員が家庭訪問をし、両親によって契約の子たちが教育されているか試験をすることを定めました。あの有名な一六一八―一九年に行われたドルトレヒト全国総会では、教会が家庭における契約の子の教育を監督する責任を明記するだけではなく、それを怠った際には教会が譴責《けんせき》処分を行うことにまで触れています。

現在でもオランダの改革派教会では、年に二回、長老と執事がペアになって、担当地域の各家庭を訪問するそうです。訪問の際には、聖書を読み、祈り、短い勧めがなされ、その後で両親や子どもに対してさまざまな質問を投げかけ、家庭における契約の子の教育の実状を問うのだそうです。つまり、信仰継承の場としての家庭の役割が特に重要視されてきたのです（牧田吉和「オランダ改革派教会における契約の子の教育」１＆2、日本キリスト改革派教会中部中会日曜学校委員会編『教会学校教案誌』第五号（二〇〇二年四月）、第七号（二〇〇二年一〇月）参照）。

しかし日本の場合には、片方の親だけが教会に来ている場合も多く、教会が家庭礼拝を勧めることをしなかったということもあり、家庭が信仰継承の場として定着しなかったというのも事実だと思います。

私にとっての家庭礼拝というのは苦い記憶しかありません（笑）。母がたまに教会でこういった信仰継承の話を聞いてきますと、「そうや、せなあかん！」とか言って、急にスイッチが入ることがありました（笑）。ある日、急に「はい、家庭礼拝すんで～！」とか言い出しまして、子どもたちが無理やり集められました。すでに高校生になっていた私は、もう恥ずかしいばかりでした。ところが母もその熱が下がりますと、「そうや、せなあかん！」と言っていたのはどこ吹く風とばかりに、平気でやらなくなるわけです（笑）。

しかし、私が結婚をし、子どもが与えられ、家族でＫＧＫの卒業生を対象にしたファミリーキャンプに参加したときに、信仰継承は親の務めとしてきちんと考えるべきであり、その鍵となるのは家庭礼拝だと教えられました。その話を聞いた妻は、――かつての母のように！――目がキランと光りました（笑）。私にとってはかつての苦い記憶しかありませんので、できればやりたくないというのが本音でした。しかし、妻に「一緒にやろうよ」と言われますと、私も牧師ですから、「やりたくない」とは言えません。非常に信仰的な態度をとったわけです（笑）。

そのキャンプでは質疑応答の時間がありまして、すでに家庭礼拝にチャレンジしては失敗をしてきた夫婦が、「そんな簡単にうまくいかないんですけど」と訴えていました。「やっぱり夫にリーダーシップをとってもらいたいんです」と言って不満を持つ奥様もいらっしゃいました。すると講師が、「日本の仕事環境では、子どもが起きている時間に家に帰ってくることさえできないのだから、夫がリーダーシップをとって家庭礼拝をするのは難しいと思う」とおっしゃいました。そして、「夫は妻に任せるというリーダーシップをとればいい」と言われました。「なるほど、それを私も採用しよう！」と思いまして、早速実行しました（笑）。

そしてもう一つのことを言われました。それは、「家庭礼拝はシンプルに行うべきだ」ということでした。みんなで行儀よく椅子に座って、テーブルを囲むことよりも、むしろ続けられるように内実をとれ、ということです。私たちの家の家庭礼拝は、子どもたちが小さい頃は、布団の上で暗唱聖句をして、今日一日で「うれしかったこと」と「悲しかったこと」を一言ずつ話し、順番にお祈りして終わりにしていました。少し大きくなると、『子ども聖書日課』を読みました。それを毎晩繰り返しました。

土曜日の夜の説教準備に追われてうなっているときに、息子が「お父さ～ん、家庭礼拝だよ～」と呼びに来ますと、本心では「う～ん……」と一瞬躊躇しつつも、「ここで家庭礼拝を優先せずに作る説教とはなんなのだ」と自問しながら家庭礼拝を続けてきました。その習慣は、二〇一一年にオーストラリアに単身で留学に行ったときにも、スカイプ（インターネット電話サービス）を使って一年間毎日続けました。親と子、夫婦が離れて暮らすという危機も、家庭礼拝によって守られてきたと思います。昨年娘が洗礼を受けることができたのも、そのような体験の積み重ねの実りであったと思っています。

この家庭礼拝の話をしましてから、私の知っているいくつかの家庭でも同じように続けていくようになりました。そうしますと、それぞれの家庭が集う教会で、ある霊性が形作られていくように感じています。また宣教の可能性も広がります。そのような家庭を中心に、子育てを学び合い、祈り合うような雰囲気が教会に生まれていくこともあります。

私の奉仕する鳩ヶ谷福音自由教会では、毎週「こひつじクラス」という未就園児の教室を開いて子どもたちを遊ばせ、またその親御さんを対象に「子育て教室」を行っています。日曜日には、近所にあるルーテル学院小学校や聖学院などの子どもたちが二〇人ほど集ってきますので、その親御さんを対象に「子どもが祈りを覚えてきたときに親はどのように対応するのか」といった内容のお話を、信徒と牧師が順番に月に一度するようにしています。神を信じる子どもを育てることの大切さを語りつつ、親に対する直接的な伝道の機会になっています。これは非常に好評です。

教会で、聖書や神さまのことだけではなくて、子育てのことも教えてもらえるというのはとても新鮮なことのようです。その親御さんたちに家庭礼拝の話をすると、「自分の家でも何かできないか考えてみます」とおっしゃった方もおられました。

２　小学校高学年の課題

⑴クリスチャンホームの子どもたちを大切にする

さて、世代を追いながら考えてみたいと思います。これまで幼児から小学校低学年を念頭にお話をしてきましたが、子どもたちもやがて大きくなります。小学校の高学年になりますと、「友だちに誘われたから教会に行く」という時代は終わります。一気に未信者家庭の子どもたちが減っていきます。そうしますと、残るのは親に連れられてくるクリスチャンホームの子どもたちと、反対に日曜日に家庭に居場所がないような子であったりします。私たちの教会でも、毎週教会に来てくれる子どもの中には、日曜日の朝にご飯を食べてこないので、教師の方がおにぎりを作っていってそれを食べさせるということもありました。そうしますと起こってくるのは、少し荒れ気味のノンクリスチャンホームの子どもたちと、クリスチャンホームの子どもたちの精神的ないさかいです。これはさまざまな場面で起こります。

ここで注意すべきことは、クリスチャンホームの子どもを大切にするということです。牧師や教師たちは、地域のノンクリスチャンホームの子どもがせっかく来てくれているのだからと、クリスマスの集まりで配るプレゼントが足りなくなったりすると、牧師やクリスチャンホームの子どもが我慢をさせられるということが起こるわけです。もちろん牧師や教師の子どもたちは両親の働きを助けたいと思っています。しかし、牧師や教師の子どもだから気が配れて当たり前、我慢して当然なわけでは決してありません。牧師の子どもだからといって伝道ができるわけでもありません。

牧師子弟やクリスチャンホームの子どもたちが小学校高学年になってどのような教会理解を持つようになるかは、この世代の子どもたちにいかに心配りをしていくかが大きな鍵になります。

⑵子どもたちの実態に沿った教会学校を

ときどき、中学生になると部活が始まって、子どもたちが教会学校に来られなくなるという声を聞くことがあります。けれども、私は実態はそうではないと思います。実は高学年ぐらいから、クリスチャンホーム育ちの子どもたちもまた、いままで楽しかった教会学校が急につまらなくなる時期を迎えているのです。いままでは誘えば来てくれていた友だちが来なくなる。しかし、自分にはいまだ親の強制力が働いて教会に来ざるをえない。一方、教会学校のプログラムは、「小さい子に合わせて」というような我慢を強いられるようになります。むしろ、小さな子どもたちの面倒を見たり、配慮することを求められたりするようになります。もちろん、忍耐や我慢を教えることも大切ですが、大人の準備不足の都合で子どもに我慢をさせることには何の意味もありません。

実は、現在抱えている教会学校の課題の多くは、小学校高学年への取り組みだと思います。このタイミングで、教会学校で用いている教材の見直しを図る時期が来ていると思います。一気に世の中のトレンド、流行に身を置くようになる小学校高学年の世代のニーズに、教会が本気で応えていくことが重要です。特にこの時期を迎えた子どもたちは人間関係で悩みます。友だち関係が微妙に崩れたり、グループが生まれたりして、人間関係の難しさを知るようになります。また、信仰的な疑問が湧いてくるようになる時期でもあります。

⑶教師の配置

私たちの家庭では、ＫＧＫの学生や卒業生、教会の青年たちをよく迎えます。そのときには、彼らにもわが家の家庭礼拝に出てもらうようにしています。あるとき、牧師家庭の青年が来てくれて、家庭礼拝に出たときに、「牧師家庭で苦労をしたことはなに？」と聞きますと、「神さまを信じているふりをしなきゃいけないこと」と返ってきました。そうしますと、うちの娘が小学四年生の頃だったと思いますが、「うん、それ、よく分かる」と言うわけです（笑）。

実は小学校の四年生とか五年生になると、子どもたちは親の顔色を見ながら信仰生活をしているのです。その気持ちを分かってくれる教師・スタッフを、教会学校は配置しないといけません。できれば、一緒に遊んでくれる元気があり、しかも悩んでいることがあればそれを打ち明けることのできるスタッフです。女の子たちは一気に世の中の流行への関心が高まる時期です。「恋愛」とか「性」のこと、「彼氏」といった言葉がチラホラと教会学校の中でも出てくる頃ですから、それらの話題をキャッチして、きちんと語り合ってくれる若いスタッフを配置することがとても大切なことだと思います。教会には自分と一緒に遊んでくれたり、時間を過ごしてくれたりする大人がいるという記憶と経験を持つことが重要です。

そしてこの時期のアプローチに成功しますと、彼らは教会に対してとてもあたたかい原体験を持つことになります。中学生になり学校の部活、高校生になりアルバイトなどが増えると、教会と付かず離れずの時期を迎えることがあるかもしれません。しかし、彼らはこの時期の原体験をもとに、やがて教会に戻ってくることができるようになります。小学校高学年の時に、一緒に遊んでくれたり、悩みを聞いてくれたりした教師たちのいた教会が、自分の居場所として思い出されてくるわけです。

(4)カテキズム教育

そういう彼らと向き合ったときに、現在の教会学校の教案誌が、彼らの心に届くものであるのかどうかを、教会は真剣に考えてみる必要があるのではないかと思います。この時期こそ、教会学校の教師たちの説教の力が、最も試される時期だと言ってもいいでしょう。「子どもに届く説教」というテーマで、教会学校教師たちの研修会をする必要もあると思います。

わたしたちの教会でも、ある教会学校用の教案誌を使っています。しかし、私は小学校高学年になった時期に、カテキズム（信仰問答・教理問答）教育にすることを検討したほうがよいのではないかと思っています。自分の身近な体験から、「信じるとは何か？」「生きるとは何か？」といったことを考え始める小学校高学年の時期に、教理教育に力を入れることが大切だと思います。幼児から低学年までで聞き続けてきた聖書の物語が、自分の信仰にどのような意味を持つのかを、教会が告白してきた信仰の言葉で明確に語るのです。

教会の歴史をひもといていきますと、信仰継承の中心に据えられてきたのがカテキズム教育でした。ルターの小教理問答はその代表的なものでしょう。これは父親と子どもの対話の形式で書かれています。教理の基本的なことについて、子どもが父親に「（お父さん）これなあに」と問い、父親がそれに答えるのです。大切なことは、子どもたちの言葉で教理が語られ、子どもたちと親が共に学ぶことです。

日本福音キリスト教会連合の生田丘の上教会では独自の『子どもカテキズム』を作ってそ

れを礼拝で用いておられます。礼拝の中で、問いと答えを読むだけではなく、「〇〇ちゃん、この意味は分かる？」というように、牧師と子どもたちとの非常にあたたかいやりとりが行われています。そして、この子どもたちとのやりとりは、実は大人の求道者の方にとっても大きな意味を持ちます。日本キリスト改革派教会も『子どもと親のカテキズム』（教文館、二〇一四年）という新しい信仰問答を出版しました。私たちはたえず教会の信仰を時代の言葉に合わせて磨き直し、作り直していく努力が必要です。

⑸礼拝における奉仕の場所

また、礼拝の中に子どもたちが奉仕する場所を持つということも取り組むべき課題であると思います。子どもたちが喜んで奉仕できる場所を作るのです。低学年の時には、礼拝中の特別賛美で、前に出て歌うことができても、高学年になると自我が芽生えて恥ずかしくなってうつむくようになってしまいます。先日うかがった日本ナザレン教団のある教会では、献金当番を子どもたちが担当していました。そして献金のお祈りを、大人と子どもがペアになってしていました。また、小さな子どもたちが献金を集めているのを年輩の方々がニコニコしながら見つめ、子どもたちの祈りの声に「アーメン」と声を合わせる、非常にあたたかな光景でした。コンテンポラリーな賛美歌を礼拝で導入している教会では、奏楽の奉仕をしてもらうこともよいでしょう。さまざまな試みにはそれぞれの教会によって是非があるとは思いますが、礼拝の中で子どもたちに奉仕の場を与えるということで、子どもたちは誇らしい思いを抱きますし、何より自覚的な礼拝者として育てていくために有益です。

３　中学生・高校生の課題

⑴部活と教会――声をかけ続けられる工夫を

さて、次に中学生・高校生の課題に目を向けたいと思います。この時期の子どもたちにとっては部活の問題は避けて通れません。厳格な教会の中には、「日曜日に部活など絶対に許さない」というところがあることも承知しています。けれども多くの場合、この時期の子どもたちは、自我の成長とともに、親の信仰から自立しようと、教会には付かず離れずという時期を過ごすことと思います。この時期に大切なことは、たまにしか来なくなった彼らに対して、いつも居場所を用意しておくということだと思います。かける言葉にも気を遣う必要があります。「ひさしぶり」というのはいけません――事実、ひさしぶりであっても――。「ひさしぶり」と言われると、彼らはプレッシャーや教会に来ていないという罪責感を感じるのです。「ひさしぶり」ではなく、「いつも祈っているよ」と声をかけるのです。「いつも」

彼らを覚えていることが大切なのです。

　私の出身教会では、かつて『ジュニア　みことばの光』（聖書同盟）というデボーションブックを中高生全員に買って、配っていました。私は中学生の時に、バスケットボール部に入って、教会からはきれいに離れていたのですが、教会のTさんという年輩の女性が、月に一度必ずこの『ジュニア　みことばの光』を届けに来られました。「しげちゃん、来たで～」と言って持って来るのです。当時私は部活動に熱中していた中学生ですから、やるわけがないのです（笑）。母に「Tさん、来られたで～」と言われまして、玄関先で受け取るわけです。やるわけでもないし、態度も悪い（笑）。けれども、いまから思い返してみますと、自分がやがて教会に戻ろうとする時に最初に思い起こしたのは、このTさんの姿でした。教会に戻ったときに、気恥ずかしくTさんのところに行きましたら、「はい、待ってたよ」と笑いながら迎え入れてくれました。

(2)中高生向きのイベント——部活後のイベント

　小さなイベントで十分ですから、中高生向けのイベントを開催することが大切です。中学生になって部活が始まっても、土曜日や日曜日の夕方だったら教会に来ることができる子どももいます。教会の都合に子どもを合わせさせるのではなく、中学生が集まれる時間にどれだけ教会が扉を開けるかということです。多くの子どもを集める必要はないと思います。集まるのが一人でも二人でもいいのです。私たちの教会は夏休みに入る時期にアイスクリームパーティやたこ焼きパーティをやります。とにかく続けることで、教会に付かず離れずの子どもたちがいずれ教会にきちんと戻れるようになるのです。

ただし、実際に始めるとなると、中高生科をだれが担当できるのかという人材の問題が出てきます。これについてはまた改めて提言したいと思います。

⑶早天礼拝・夕礼拝の可能性

先ほどから部活の問題をお話ししていますが、私は中学生の頃にバスケットボール部のキャプテンをしていました。日曜日に練習や試合があるときには、牧師は早天礼拝を開いてくれました。先生が「朝六時に教会で待ってるから」と言ってくれたのです。母が早朝に車で送ってくれました。牧師とマンツーマンの三〇分の礼拝をしてから、私は部活に行きました。その時に牧師が、「今日の重徳くんのプレーを通して、神の栄光が現れますように」と祈ってくれました。その時に、「そうか、オレのレイアップシュートは神の栄光を現すのか！」と感じたわけです（笑）。それまでは部活というのは信仰ではない場所にあったのです。しかしその祈りを通して、部活もまた信仰的に位置付けることができるのだという新しい気づきが与えられました。いまから考えるとずいぶんと格好つけていますが、試合前に大きなバスタオルを頭からかぶりまして、「今日のプレーで神の栄光を現すことができますように」と祈ったりしたことも覚えています（笑）。

朝、礼拝をしてから部活に行ったことで、「神さまを第一にできた」という非常にすがすがしい感覚がいまでも残っています。それと同時に、朝早く、自分のために時間を作ってくれる牧師への親しみが増した経験でもありました。

⑷中高生・大学生キャンプの再検討

中高生や大学生にとって、同世代の信仰の友を持つことは何よりも大切なことです。しかし現実には、ほとんどの教会で学生が集まらず、これまで行ってきた教会のキャンプをとりやめるところも多いと聞いています。けれども、普段の教会学校では三〇分から一時間しか子どもと一緒にいることができませんけれども、二泊三日のキャンプであれば、四八時間以上の時を一緒に過ごすことができます。ほぼ一年分の時間です。教師たちにとっては夜更かしをするのは体力的にも大変ですけれども、夜の一二時を回ってようやく彼らの本音が聞こえてくるようになります。

また、参加者が一〇～二〇名程度のキャンプではダイナミズムに欠けます。そこで、いくつかの教派・教団では、キャンプを一つの教会ではなく全国規模で行うようになりました。イムマヌエル綜合伝道団でも、少子高齢化の問題があり、中堅牧師が「とにかくキャンプを開こう」と声をあげて「とにキャン」というキャンプを実施し、一〇〇名以上の規模のキャンプになりました。クリスチャンのキャンプというのは、開けばそれでいいわけではありません。クリスチャンキャンプのやり方というのがあるわけです。そこでイムマヌエル教団の先生方は、長野県にあります日本同盟基督教団の松原湖バイブルキャンプに研修に行って、そこで運営からプログラムの作り方、カウンセラーによるケアなど、いろいろなことを学んで、自分たちの教団のキャンプを開催されました。今回、この日本基督教団の中部教区の教師会にお招きいただいたのも、もともとは金城教会の木下先生が、クリスチャンキャンプの方法を聞きにＫＧＫの事務所を訪ねてくださったことに端を発しています。

ＫＧＫでも三年に一度は全国の学生が集まるキャンプを行っています。そこに五〇〇名くらいの学生が集まります。そこに来て初めて、「こんなにクリスチャンの学生がいるんだ！」と驚く若者がいるのです。それだけで、日頃クリスチャンが少なく、マイノリティコンプレックスを抱いている若者たちはウキウキしてくるわけです。彼らに同世代のクリスチャンが集まっている光景を見せ、そこで信仰の友と出会う経験をすることは重要です。信仰の仲間、同労者に出会うことで、この時代に、この場所に、この学校に、自分はクリスチャンとして遣わされているのだという派遣意識も生まれます。

インターネットの環境が整い、彼らの世代はSNSでつながっています。そうしますと、距離の遠さが心の遠さにはならなくなってきました。もちろん地域ごとの集まりのほうが細やかにいろいろなフォローができますけれども、それを知った上で、やはり全国規模のクリスチャンの仲間と出会う機会というのは大切なのだと思います。

日本キリスト改革派教会でも、「ユースデイズ」というキャンプが行われています。このキャンプの奉仕に招かれたときに、若い牧師たちと共に、「契約の子が信仰告白に向かっていくためにはどのような説教が必要なのか？」という分かち合いをしたこともありました。そのような、若者の心に届く説教を考える機会が、若い牧師たちを育てるためにも必要なのだと思います。

確かに、全国規模のキャンプを行うのにはお金がかかります。青年伝道自体がお金のかかる働きだと思います。ですから、教団・教派をあげてのバックアップがないと続いていきません。

4　大学生・青年の課題

⑴交わりの形成と教育の機会の再検討

次に大学生や青年たちの課題です。私たちの教会では、この世代になると、教会学校などの教育部の対象から外れて、「交わり部」の管轄に入ります。高校を卒業すると、急に教会で教育の対象から外されていくわけです。しかし、その世代の交わりの求心力となるメンバーがいなくなると、青年会は途端に機能しなくなります。青年会は〈だれがいるのか〉〈だれがやるのか〉によって、良くもなり悪くもなります。

そこで、教会に「成人科」というクラスを持つことが大切ではないかと思います。洗礼を受けてもなお、聖書や信仰への関心・知識を増していく必要があります。また疑問に答えてもらえる場所も必要です。牧師だけでなく、教会の役員・長老が成人科の教師としてそのような場で腕を発揮していただけるのではないでしょうか。

⑵結婚

また青年たちには結婚という大きな課題があります。安定した教会形成をするためには、確かなクリスチャンホームを築いていくことが大切です。そのためには、若者が結婚に導かれる場所を教会がつくる必要が出てきます。

先ほど挙げた全国キャンプは、青年たちが出会っていく場所にもなっていく可能性があります。自分の教会以外の青年と出会う機会になります。ですからキャンプ委員会は、牧師だけでなく青年たちをどのように巻き込んでいくかも鍵になると思います。そうすることで青年たちは、共に話し合い、祈り合い、汗をかきながら、人格的な出会いをしていくのです。

共に奉仕をしながら出会い、結婚に導かれてクリスチャンホームを築く若者たちは、教会の宝になります。結婚を機に教会を離れる人は決して少なくありません。ですから、これもまた教会の課題として話し合うべきことだと思います。

⑶キリスト者の労働観・世界観の確立

彼らにキリスト者にとっての労働の意義や役割をきちんと話すことも大切です。日曜日に働かざるをえない環境に置かれた青年には、礼拝を大切にする理由を説明するとともに、キリスト者としてその職場に遣わされて働くことの意味を、神の国の視点から語る必要があるでしょう。

また政治的に危うい状況がはびこる中で、キリスト者としての歴史観や世界観をきちんと身につけることも、自分の信仰と社会での生活を二元化させないために必要なことです。

5　青年担当の働き人を立てる

⑴ユースパスターの採用

ユースパスターを採用できる教会

最後に一つの提言をさせていただきたいと思います。それは、教会に青年担当の働き人を立てるということです。「ユースパスター」とか「青年担当教師」と呼ばれます。繰り返しお話ししてきたことですが、若者伝道が成功する確実な方法論はありません。けれども、教会における青年伝道の鍵になるのは、そこに〈だれがいるか〉ということです。

この働きは、いわゆる副牧師とは違って、若者にだけ専念する牧師です。ですから教会の地区集会や家庭集会などに出ることよりも、とにかく青年と時間を過ごすことを優先させます。もちろんユースパスターを立てればそれで青年伝道が解決するわけではありません。お年寄りや年輩の方などに理解していただくのが難しい場合もあるでしょう。教会員のお年寄りのケアを優先させてほしいという声が出ることもあるでしょう。けれども、よいユースパスターを立て、教会がその力を生かしていくと、実に教会はいきいきとした群れになっていきます。

ユースパスターは何をするのか？

ユースパスターが中心となって夕礼拝を企画することもよいでしょう。若者たちのリズムに合わせた賛美やワーシップソングを選び、若者自身が奉仕し、礼拝を形作っていくことで、若者たちもまた教会に仕える喜びを知ることができるようになります。礼拝の前には、コーヒーやドーナツを用意して、部活帰りの子どもたちはそれでお腹を満たして夕礼拝に出ていく。あるいは礼拝前に、コーヒーを飲みながら、若者たちがユースパスターに個人的な相談をすることもあるでしょう。そうやって大人になっていく階段を用意してあげるのです。夕礼拝の後には、「ご飯を食べていない人は、いまからラーメン食べに行こうよ」というように声を掛け合いながら、交わりを深めていきます。

ＫＧＫの出身で、ユースパスターをしている人がいます。毎週土曜日になるとイベントをする。しかもネーミングがうまい！「〇〇教会スポーツ大会」ではないのです。いまでいえば、「絶対に負けられない〇〇」とか、現代のいろいろなキャッチーなコピーを使いながら、イベントを盛り上げるわけです。その他にもＳＮＳを使って、イベントの情報を非常に巧みに拡散させながら、毎週ノンクリスチャンも含めて五〇～六〇名の青年たちが集っています。

採用の可能性を探る

問題はそういう働き人を教会が立てることができるだろうか、ということだと思います。それは教会財政と関わるからです。ですから、非常に近い二つか三つの教会で協力して立てる、あるいは教団事務所や教区に属したり、無任所という立場でユースパスターが立てられないか、という提言をしたこともあります。

⑵採用の課題

しかし、ユースパスターを採用するときに、いくつかの課題も生まれます。財政の問題だけではありません。その働き人の資質によっては、教会の中にもう一つの教会が生まれたりするわけです。つまり、若者たちだけのもう一つの教会ができあがってしまうことだって起こりえます。むしろ、若者たちの居場所を確保しながら、教会は幼子から高齢者までを含めた、一つの家族になっていかなくてはならないわけです。やはり主任牧師や役員会と「ほう・れん・そう」（報告・連絡・相談）をきちんとしなければいけません。ここには細やかな素質が必要とされます。イケイケでノリノリで、若者たちには人気があるけれども、教会とのコミュニケーションがきちんととれないと、同じ教会の中できしみが生まれてきます。ですから、ユースパスターを育て続けてきた教会の中には、「ユースパスターにはスーパースターはいらない。ユースパスターには凡人が一番だ」というところもあります。なぜかというと、スーパースターはキラキラしていますから、みんなが周りに集まるわけです。そうすると、「あのユースパスターの先生は好きだけど、主任のおじさん先生は嫌いだ」（笑）といった空気が生まれてくることだってあるのです。ですから、目立たなくてもいいから、地味かもしれないけれども、連絡をきちんととって、若者に誠実に寄り添って、主任の先生や役員会とたえず話をしながら進めていくという訓練がユースパスターには必要になっていきます。

浦和福音自由教会は、ＫＧＫにひと月に一〇万円を献金してくださっています。そして教会が、「ＫＧＫの主事をやりながら、教会で働いてくれる方を一人採用してきてください」と言ってくださいます。水曜日と日曜日は教会で働き、その他の日はＫＧＫの主事として働くのです。私もＫＧＫの主事になった最初の三年間を、そのようなかたちでこの教会で過ごしました。そこで「教会のものの見方」を教えていただきました。また主任牧師との距離をどのようにとるのか、神学的に教会を理解し、わきまえるべき立ち位置と働きの範囲を把握し、主任牧師との役割分担を理解しておくことを学びました。また教会も主任牧師も、ユースパスターを体《てい》のよい事務処理係にして、使い潰すことがないようにしなくてはなりません。

このように、いくつもの課題はありますけれども、私たちが青年伝道に本気で取り組もうとするときに、このユースパスターの採用の可能性を、皆さまにも考えていただきたいと思います。

おわりに

ある教会で信仰継承についてお話をした際に、ある牧師が、「『私たちがこう育てたから、こうなった』と言ってはいけない」とおっしゃった言葉が印象深く心に残っています。結局のところ、私たちは青年伝道についても信仰継承についても、「すべては神の憐れみなのです」としか言えない存在なのです。

「あそこの家は信仰継承がうまくいった」、「あそこの家は失敗した」という言葉を聞くことがあります。けれどもそれは、「いま」の判断でしかありません。私たちはいつも「いつ」その判断を下すかで、ものの見え方が変わってくるのです。どんなにうまくいったと思った家でも、いつその子が教会から離れるようになるか分からない。逆に、あれだけの放蕩の限りを尽くし、「失敗した」と言われた子どもが、いつ悔い改めて教会に戻ってくるかも、私たちには分からないのです。私たちは、判断が早すぎるのです。やがて、イエス・キリストが再び来られるその日まで、判断をいつも留保しながら、しかし期待しながら歩んでいくのです。

なお強く主の憐れみを信じながら、分かち合い、祈り合いながら、信仰を継承し、一〇〇年後、二〇〇年後、三〇〇年後まで続く堅固な教会を建て上げていきたいと願います。

第Ⅱ部　若者に届く説教

第3章　「若者に届く」説教とは何か？

はじめに

忘れられない説教体験があります。一四歳の時でした。それまでは説教というのは、礼拝の中で一番つまらなく、「早く終わればいいのに」と思う時間でした。しかしその説教は「自分に語りかけられている」と思ったのです。「これは自分のことを言われている」と思いました。今までに聞いたことのない説教の語り方でした。それは中学生の自分の言葉遣いにとても似ていました。何より説教者のほとばしる感情に、ぐいぐいと心が惹きつけられていったのです。気がつくと、泣いていました。自分の罪の深さに悲しくなったのです。しかしその後、別の涙が流れました。十字架の罪の赦しに出会い、赦された喜びの涙があふれてきました。「この時間が終わらなければいいのに」と思うほど、もっと聞いていたいと思う説教体験でした。説教を聞き終えて、外に出た時の光景は、会堂に入った時とは全く違って見えたのです。夜になっていましたが、すごく明るく感じました。

その後説教者になった私は、中高生キャンプの講師として招かれるようになりました。しかし、お招きくださった方々の期待に応えられず、中高生たちは私の話を聞いてポカンと口を開け、途中から寝てしまうような説教をしてしまったことは数知れず、何度もキャンプの奉仕中に悔し涙を流す奉仕がありました。それでもなお、主からの恵みで、二〇年以上学生伝道で奉仕をし、若者たちに語る場所が与えられ、中高生や小学生に語る機会、場所、そして語りながら学ばされる経験を与えられてきました。託されている学生の心にも「届く」ことができず、悪戦苦闘し続けてきた二〇年間でした。若者に「届く」とは何かということを考え続けてきた二〇年間でもありました。

若者にだけ心を配り、彼らにだけ語るという機会や経験は、牧師をしているとなかなかあるものではありません。神学校を卒業し、年配の信徒の方ばかりの教会に赴任すると、当然、年配の方に配慮をした語り口になっていきますし、若者と話す機会そのものを失っていくことも多いのではないかと思います。教会に来ていたあの子たちが教会から離れていってしまうことに心を痛めているのは、牧師であり、説教者自身です。教会でつまらなさそうな顔をしている中高生たちに、なんとか神の言葉を届けたいと思います。

そのような思いを持つ説教者たちが集まって、説教合宿を行ってきました。若者に届く説教を目指す者たちの集まりです。互いの説教を持ち寄って、説教演習を行い、また一つの箇所から説教黙想を一緒に行いました。四〇名以上の同労の説教者たちと、説教作成をする学びと交わりは、大きな喜びにあふれていました。本書では、そこで発題、講演したことを中心に、「若者に届く説教」とは何かということで学ばされ、教えられてきたことを記したいと思っています。

1　若者に「届く」とは何か？

(1)「届く」とは何か？

「イエスだと分かる」――キリストと出会うこと

「若者に届く説教を求めて」というテーマですが、皆さんの中でいくつかの問いを持っておられるのではないかと思います。果たして「若者世代にのみ届く説教というものがあるのか？」ということです。

そして、「『届く』とはそもそも何が起こることなのか？」という問いです。

ルカによる福音書24章に記されているエマオ途上の物語において、イエス・キリストは、エルサレムから離れていこうとする二人の弟子に、聖書全体から説教をなさいました。するとこの二人の弟子は、「心が燃えていたではないか」という経験をしたのです。そして彼らの閉ざされていた目が開け、「イエスだと分かった」という経験をしました。ここからも分かることは、つまり聖書の説教が「届く」とは「イエスだと分かる」ということです。説教の目的は、イエス・キリストご自身と出会うことです。そして説教が「届く」とは、キリストにお会いし、「イエスだと分かった」体験だと言うことができるのだと思います。

神の言葉としての出会い

またテサロニケの信徒への手紙一　2章13節では、「わたしたちから神の言葉を聞いたとき、あなたがたは、それを人の言葉としてではなく、神の言葉として受け入れたからです。事実、それは神の言葉であり、また、信じているあなたがたの中に現に働いているものです」とあります。ここではパウロが語った言葉を、テサロニケ教会は、「人の言葉としてではなく、神の言葉として受け入れた」と記されています。

若者たちに「届く」説教とは、今までただの人の言葉、単なる牧師の言葉として聞いていた説教が、神の言葉として「聞こえてくる」経験です。そして、神の言葉が「信じているあなたがたの中に現に働いている」と、自分の内に働いている神の言葉として、神から直接語られた言葉として聞いた経験と言えるでしょう。今まで「つまらない話だ」「大人向けの話だ」「自分には関係がない」と思っていた言葉が突如、自分に語りかけられている言葉として、「聞かれ」「働いている」ということです。

若者に「届く」とはどういうことなのか

この説教体験を、若者たちにしてほしいと思っているのです。しかしこれはすべての世代に同様に、一斉に、一様に起こらないことなのでしょうか。もしそれが起こるならば、私たちはここで若い世代に届く説教を研究し、互いに研鑽する必要はないわけです。しかし若い世代に向かって語る説教が必要とされている、と私たちは感じています。そしてその説教があると思っています。そしてあるのであれば、それは一体何が起こっていることなのかと考える必要がありますし、その時、説教者は何をしているのか、ということを考えたいと思うのです。

⑵説教が表す聖書の言葉

そこで若者に「届く」ということを考える上で、やはり、聖書の説教それ自体から考えたいと思います。私たちのなそうとしているのは、若者に受ける感動秘話や笑えたり泣けたりするトークをすることでは決してありません。時に説教者は若者に届こうとするあまり、テクニカルに走りすぎて、聖書の説教それ自体から逸脱することも起こりうるからです。

そこで、聖書の語る説教を表現する言葉の持つ意味から、若者に届く説教ということを考えていこうと思います。説教を表現するギリシア語の五つの言葉を取り上げ、若者に届く説教を考えてみましょう。

ケリュッソー──「宣べ伝える」

まず第一はケリュッソー、「宣べ伝える」という言葉です。「ケリュグマの言葉」とも言われます。「布告」「伝令」を意味します。競売人が人々に向かって大声で叫ぶ時に使用された言葉です。マルコによる福音書1章14節では、人々の前で声高に叫ぶイエス様の言葉がイメージされますし、その他でも湖畔や神殿で、四〇〇〇人、五〇〇〇人を前にした時の説教の言葉です。マタイによる福音書4章23節、9章35節、使徒言行録8章5節、28章31節、コリントの信徒への手紙一1章23節に記されています。

では、何を大声で宣べ伝えるのでしょうか。マタイによる福音書4章23節では「御国の福音」です。ケリュッソーの目的語は、「神の国」「福音」「キリスト」です。コリントの信徒への手紙一1章23節では「十字架につけられたキリストを宣べ伝えています」と、キリストの使徒たちが大声で声高に、情熱的に神の国の到来を叫ぶ行為が描かれます。自然と声が大きくなり、感情がこもってくる言葉です。

ユーアンゲリゾー――「良い知らせをもたらす」

二つ目はユーアンゲリゾー、「良い知らせをもたらす」という言葉です。戦争の勝利や王子の誕生などを告げ知らせるという意味で使われた言葉です。ルカによる福音書３章18節や９章６節では「福音を告げ知らせる」、これは「喜びを届ける、良い知らせを伝える」という言葉です。「グッドニュース」と英語で語られるように、聞く者にとって朗報であり、「聞いてよかった」「もっと聞きたい」と思わせる喜びの知らせです。

ディダスコー――「教える」「教授する」「論証する」

三つ目はディダスコーです。これは教える手を差し出して、本人がきちんと受け取ることです。誰かに何かを受け取らせる行為で用いる言葉です。文字通り、「教える」「告げる」「教授する」「論証する」という意味です。マタイによる福音書４章23節、マルコによる福音書１章21節、ヨハネによる福音書７章14節、使徒言行録５章21節、42節、18章11節、25節、28章31節などに出てきます。何かを論証し、説明し、相手に理解させ、成長を促していく教育的な配慮に満ちた言葉です。聞いて「分かる」言葉です。

パラカレオー――「勧める」「呼び入れる」「求める」

四つ目はパラカレオー、「勧める」「呼び入れる」「求める」、励ましを兼ね備えた「慰める」という意味で用いられます。使徒言行録2章40節では「勧める」と表現され、『邪悪なこの時代から救われなさい』と勧めていた」、つまり聞き手がある行動を取るようにと励ます言葉です。ローマの信徒への手紙15章30節では「お願いする」ともあり、使徒言行録13章15節には「励ましのお言葉」とありますが、これはパラクレーシスという名詞形です。使徒言行録16章40節やテトスへの手紙1章9節では「気遣う」という意味も持ちます。さらにコリントの信徒への手紙二1章3―5節では「慰めの神」と表現されています。聞く対象の置かれている状況を配慮し、その心を気遣う言葉です。相手のために心を配り、想像力を働かせる言葉です。

マルテュレオー――「証言する」

最後の五つ目はマルテュレオー、「証言する」という言葉です。裁判の席で証人が過去の出来事に対する証拠を申し述べる行為を示す言葉です。ヨハネによる福音書1章7―8節や5章31節では「証しする」。バプテスマのヨハネの生き方を表すような言葉です。使徒言行録２章32節には「証人です」とあり、復活の目撃者としての証言、さらに26章22節ではキリストの救いを異邦人に証しするという意味になります。イエス様自身も十字架を前にしてヨハネによる福音書18章37節で「わたしは真理について証しをするために生まれ」と語られました。つまりその証言は、言葉においてのみでなく、生死をかけた生き方そのものを意味する言葉です。使徒言行録22章20節の「証人」（マルテュス）ということばは、英語のマーター（Martyr）、殉教者という言葉になりました。証言とは証人の生き方そのものが問われます。証人として生き方そのものが表れていく真剣な響きがここにあります。

２　若者に届けるための「説教」の諸要素

以上の「説教」の持つ五つの要素から、「若者に届く」ということを考えてみたいと思います。一つ目はケリュッソー「大声で伝える」、福音を伝える説教者の「情熱」「感動」「熱心に語る」ということについてです。

続いて、ユーアンゲリゾー「良き知らせ」です。説教が語られる時、説教の言葉は「福音」、良き知らせとして届かなければなりません。とかく若者は律法主義的に説教を捉えやすくなりますし、また説教者も指導と訓練ゆえに、律法主義的に語ってしまいがちです。

「届ける」ものが福音でなければなりません。

さらにディダスコー「分かりやすさ」です。説教が届くという時、「説教が分かる」ということは、大切なことです。非常に知的な言葉が連ねてあるのだけれども、若者は分からないというのは致命的です。または情熱的ではあっても、内容は分かりにくいということが若者に向けた説教には起こりやすいのです。「届く」とは、きちんと彼らの知性に届き、理解されることを意味します。

第四にパラカレオー「慰めの言葉」です。慰めと励ましを必要としている聴衆への「想像力」です。説教者は若者たちの置かれている状況を配慮し、この説教の言葉が励ましとなっているかと心を遣うことです。その心遣いが、説教の言葉にまで到達させる力を高める必要があります。ユースパスターやCSの教師は若者の置かれている状況を理解して、彼らの状況を他の大人に向かって説明はできるかもしれません。しかしそれを「慰め」の言葉、説教の言葉にまで到達させる「黙想」の力量がついていないことが結構見受けられるのです。

そして五番目はマルテュレオー、証言の証人としての説教者自身の課題です。「説教者論」と言ってよいと思います。つまり若者に届く説教者とはいかなる「人物」なのか、という課題です。キリスト証言をする証人として、若者に届く説教者ということを考えてみたいと思います。

⑴情熱の問題――ケリュッソーとしての説教

さてケリュッソーとしての説教は、「喜び」であり、「大声で」語る情熱や感情が課題となってきます。

ユースキャンプなどでの説教レスポンスを見ますと、「大嶋先生から迫ってくる感情が自分に語られているようで感動しました」「大嶋先生は本当にイエス様が好きなんだなと思いました」とありました。これらの言葉はとてもうれしい言葉でした。

説教者の感情は、聴衆に移動していくものです。説教者が緊張をしていたら、聴衆も緊張していきますし、説教者がリラックスして、楽しそうだと、聴衆も楽しそうになっていくことを経験されたことがあると思います。何より説教者の説教の時の空気感は、その教会の中で流れていく独特の空気感になっていくように思います。厳かな語り口の教会は、厳かな空気感が漂っていたりします。

若者たちが説教者の持つ影響力によって、「あのようになりたい」と思うことは自然なことです。しかし説教者の情熱や喜びが、作られたパフォーマンスになっていく時、そこは律法主義が発生する温床となります。なぜなら、説教者自身が「あのように語らなければならない」と作り上げた感情に縛られているからです。そして説教者によって「喜びましょう」

と、不自然な喜びが強いられていくのです。「救われると、ああいう情熱的なクリスチャンにならないといけない」というのは不自然です。感情的な説教がもたらす不自然で支配的な感情が起こるならば、かえって説教として大問題です。

「主から受けたもの」

では、私たちの感情とはどこから出てくるのでしょうか。パウロは、コリントの信徒への手紙一11章23節で「わたしがあなたがたに伝えたことは、わたし自身、主から受けたものです」と語ります。しかしパウロ自身は直接、主から聞いたのではありません。主の弟子たちの伝承（その後、聖書となっていく言葉、すでに聖書として尊ばれた言葉）をパウロは聞いたのです。パウロは自分の聞いた言葉を、「主から受けた」と受け止めているのです。つまり使徒たちから聞いた主の言葉、私たちで言うならば聖書の言葉を受けたこの私が、今、この時代に、この世界で、私を通して、神の民に（あなたがたに）宣べ伝えるのです。

ここに説教の原点となる流れがあります。パウロにとって使徒伝承を受けたことは、主イエス・キリストを受けたことになり、使徒証言の背後におられるイエス・キリストとの出会いなのです。私たちもまた、直接イエス・キリストとお会いしていません。しかし使徒伝承である聖書から説教者が「受けた」時に、私たちの説教の言葉によって「主から受けた」経験を聴衆はするのです。説教の権威は、使徒的証言（聖書：キリストの権威）に立脚した証言であること（聖書を離れた説教に権威はない）、すなわち、説教を聴くとはキリストから直接福音を受けるということになります。

その時に鍵になるのは、説教者が何を受けたかです。私が受けた福音の喜びが、説教の鍵となるのです。

説教準備の机で生まれてくる感情

説教の情熱とは何の情熱なのでしょうか。それは主から私が直接受けたという感動です。ではそれはどこで生まれるのでしょうか。それはまず、あの説教準備をしている机の上で生まれる感動です。静まって御言葉を読みながら生まれる感動です。「ああ、早くこれを語りたい」「ああ、早く大声で伝えたい」という勝利の伝令のように、駆け出したくなるような「良き知らせ」を受け取った喜びです。私が受け取った感動をあの青年に伝えたい。学校で友だちができないあの青年にこのことを早く語ってあげたい。罪の誘惑の中から抜け出せないあの青年とこの箇所を分かち合いたい。

あるいは説教原稿が書き上げられず（私のことです）、一人で散歩している時に、説教のことを考えていると、突如「つながった！」「ああ、こういうことか！」と分かることがあります。その時には、「早くパソコンのもとに走りたい」と思いますし、時にはその場所に座り込んで携帯電話のメモに書き込んで、そのメモを自分のメールアドレスに送信をすることもあります。そういう喜びです。これは説教準備をされる方々はお分かりになると思います。神の言葉が自分の中に鳴り響いた時の喜びです。説教原稿を書きながら涙が止まらなくなり、泣きながら書き続けるあの感動です。

さらには説教壇で生まれる喜びです。聴衆がまさに神の言葉を受け取って、目の前で喜んでいる。その喜びの感情は、説教者にも間違いなく移ってくるのです。聴衆が真剣に神に向かって応答している姿を見る喜びは、説教者にとって何にも代えがたい喜びの生まれる場所です。

神の言葉への感動がもたらすもの

そこで大切なことは、私たちの説教に神の言葉の感動があるのかということです。なぜなら、神の言葉に感動などしたことのない若者にとって、感動している説教者は、その存在自体が驚きとなるからです。そしてこの場合の感動は、御言葉への畏れのある感動となるのです。あるいは神の言葉に感動をしている若者にとって、つまらなさそうに話す説教者が存在する意味が分かりません。若者たちは、「どうして自分があれほど感動している聖書の言葉に、この説教者は感動しないのだろう」と感じるのです。つまらなそうに話す説教者の姿は、神の言葉への畏れを失っている説教者と映り、説教そのものへの失望を生み出します。

情熱の表現について

しかしながら情熱の表現は、人によって違います。パフォーマンス、テクニックとしてではなく、その人からこぼれ出る、溢れ出る喜びを隠さない方法がその人その人なりにあるのだと思います。大胆に表現することを学ぶ必要があるかと思います。説教学の権威である加藤常昭先生は、音楽家や芸術家の表現から、説教者が学ぶべきだと語ります。つまりオペラ歌手は歌詞の中にある悲しみの表現を、悲しみとして伝わるように歌う技術を体得しないといけないというのです。

「喜んでいるように見えない説教者は、どうすればよいのか？」という質問をもらったことがあります。難しいですが、その説教者が夢中になって喜んでいる時の表情や、表現はどのようなものでしょうか。説教学者のルードルフ・ボーレン先生は、説教とは定義できないとし、スキーであり、薪割りであり、喜びのことなのだと語ります。大切なことは、説教者が説教行為を喜んでいることです。その意味でも、何より「説教をすることが好きなのか？」ということを問う必要があるのだと思います。これは本質的な問いです。

また日本人の場合、説教者の照れの問題も実は大いにあるのではないかとも思います。自分の感情を表に出すことを恥ずかしいと思う説教者がいます。とりわけ男性説教者にはこの傾向があるように思います。一方、女性の説教者は自然に、御言葉から受けた感動と喜びを率直に表現をすることに長けた方が多くいるように思います。説教者の性差についても、説教論的に問う必要があると思います。

発声、声の大きさ

ケリュッソー、ユーアンゲリゾーの言葉を考える時、声の発声も私たちの課題として考えておく必要があるでしょう。そもそも声が小さくて何を言っているのか分からない説教もあるからです。ケリュッソー、ユーアンゲリゾーとして成立していません。「大声で伝える」原稿を事前に読んで声を出す練習をすることは必要です。説教のために喉を開いておくことも必要です。声を鍛えることや聞きやすい声を作ることも、練習によって磨くことができます。

リズムも声の高さも喜びを伝えるためには研究する必要があるでしょう。私はよく誰もいない会堂で夜中に一人で何度も練習をしました。そこにいる聴衆の多さに呑み込まれないために、当日確信を持って語るために、聴衆の顔を思い浮かべて練習をしました。またマイクがなくとも会堂の一番奥にいる人に届くように、また聴力の弱い方への配慮として、きちんとマイクを使えるようにすることも、練習が必要です。マイクにきちんと自分の声を乗せるのが下手なために、聴衆に届いていない説教者も少なくありません。

また事前に、説教原稿の朗読の練習をすると、自分の説教の中の論理的な破綻や、脈絡が通っていない分かりにくい箇所が発見されます。さらに自分の説教の喜びの中心がどこにあるのかも分かってくるのです。これによって、説教の強弱のつけどころをきちんと把握することができるようになります。分かりにくい説教の原因の一つは、すべて同じ調子の強い言葉で語り続けるために、聴衆が疲れてきて集中が切れるということもあるからです。

⑵良き知らせとして――ユーアンゲリゾーとしての説教

律法主義的なものではなく

続いて、ユーアンゲリゾーとしての説教です。ＣＳや子ども向けの礼拝の説教は、律法主義的なものになりがちです。いわゆる「お説教」になるのです。なぜならば教師が、未熟な彼らに、「～せねばならない」という説教をしたくなるのも事実ですし、「今言っておかないと後で大変だから」という理由から、教育的で、道徳訓のようなものになりやすいのです。

しかし、そのような「お説教」を聞かされるＣＳで育ってくるのは、「きちんとした」子どもたちです。多少やんちゃで、暴れやすい子どもたちは、「ああ、ここは自分のいる場所じゃないな」と思いやすいのです。

「ねばならない」で自分を縛り上げてしまっている若者を見ると心が痛みます。そしてその原因は親であったり、学校であったり、社会であったり、教会の私たち説教者であったりするのです。

子どもたちに「ねばならない」で説教をするのは、簡単ですし、何となく説教っぽい体裁を取ることができます。分別のついた大人たちは聞き流したり、礼拝から離れていけばよいのかもしれませんが、子どもの頃に聞いた律法主義的な説教は心を支配し、また将来的に、強烈な信仰に対する反発を形成します。日本の教会の説教の大きな問題は、律法主義だと言われることがありますが、若者に届くという意味合いにおいても、律法主義的な説教になっているかどうかの自覚と確認は必要です。

良き知らせを語る

ユーアンゲリゾーとしての説教は、良き知らせを伝えることです。その説教は、朗報でなければなりません。羊飼いがクリスマスに聞いたような、「あなたがたのための知らせ」です。良き知らせとは羊飼いが走り出したように「もっと聞きたい」「もっと話してほしい」

と思える説教です。私が教会学校で出会った松田先生という女性の方のお話は、いつも喜びに満ちていましたし、松田先生の語る週だけは、当番表をチェックして、遅刻をせずに、お話を聞きに行ったものです。聞いたあとは心が軽くなり、うれしくなり、自由を経験したのです。

では自由に、伸びやかに、福音の響きを持つということは、「ありのままのあなたは素晴らしい」というような安易な話で、罪を語らないことなのでしょうか。そんなことはありません。全くその逆なのです。罪を語ることもまた福音を語るためには必要なことです。

「してはならない」から「あえてしない」という積極的な禁欲のために

福音的に語るとは、「～してはならない」という戒めを、「してはならない」ままで終わるのではなく、なぜ神がそう語っておられるのかを含めた神様の計画と祝福の素晴らしさから、「あえてしない」という魅力に富んだ決断、応答が生まれていく語り方です。律法を語る時、自由への指針としての律法の語り方が必要なのです。

特に若者向けに、恋愛、性、結婚のテーマを語る時には、「してはならない」ということが先行して、なぜ神様が結婚まで体の関係を持たないように求めておられるのか、それがどれほどの祝福があることで、あえて待つだけの価値のあることなのだ、ということを話す必要があります。しかも結婚後の夫婦における性の喜び、祝福も一緒に語るのです。そのことを知った時に「してはならない」から、神の用意された性の祝福のために「あえてしない」という生き方が生まれるのです。歯を食いしばった我慢も、その後待っている楽しみのためには、それもまた喜びとなります。そしてそこには「積極的な禁欲」という、きよさを求める生き方の道筋がついていくのです。

聖書が何を語っているかをはっきりと言い抜くこと

むしろ若者たちに語る説教で、罪を曖昧にする時、若者たちはかえって大人たちに失望します。青年たちの置かれている状況を思う時に、「あまり厳しいことを言わないほうがいいのではないか」「律法主義的に感じ、裁かれていると感じるのではないか」と心配をするあまり、曖昧に話し、綺麗事で済ませた学びを提供するならば、青年たちの聖書への姿勢を損なう態度となります。聖書が語ることをそのまま教えようとしない大人を見て、彼らは大人を侮るか、あるいは、「ああ、この程度でしか語ってくれないのか」「自分たちは信頼されていないのではないか」と悲しく思うのです。

罪を罪として語る――悔い改めの機会と十字架の福音のもとで語ること

大切なことは、聖書が指し示すとおりに、罪は罪として語り、聖書の高い倫理水準を語り抜くことです。その上で、私たちには十字架の赦しがあることを語ります。自分で自分を赦せなくとも、十字架における神の愛はあなたを赦し、新しくするのだとはっきりと宣言するのです。自分が自分を諦めていても、神はあなたを諦めておられず、神はあなたをきよく新しい生き方に召し出されるのだと、悔い改めに招くのです。十字架の赦しこそが、良き知らせです。十字架の赦しを青年に語る時、前から見ていると、自分の犯した罪に苦しんできた青年の顔が苦悩に歪みます。自分の罪にきちんと悲しみ、聖霊の促しの中で新しく生き直したいと喜びの涙を流す青年の顔を見るのは、どれだけ説教者の喜びとなるでしょうか。

ある青年は「性のテーマこそ、私の信仰の最大の悩みでした」と正直に話してくれました。しかし、自分もまた青年期に性のテーマで自分の罪と向き合うことを余儀なくされましたし、このテーマに向き合うことによってキリストの十字架の赦しの中を生かされてきたことは、間違いないことです。そして今もなお青年たちが、青年時代に十字架の赦しの前に進み出て、悔い改め続けることへと促してくれる恵みのテーマは「性」についてなのです。

聖書の生き方に誇りを持って生きることを励ます

さらに、一方で罪について話していると、「ホッとした表情」になり、あるいは表情が輝いてくる青年たちがいます。自分の罪との葛藤に向き合い、そして戦ってきた青年たちです。「間違っていなかった」と、キリスト者として生きてきたことに誇りを持つ瞬間です。そして「クリスチャンの生き方ってカッコいいんですね。これで僕らはやっていきます」と語ってくれる青年たちは少なくありません。これもまた良き知らせなのです。

説教者の立っている位置

では、どのように罪を語るのかが問題です。その時に問われているのが、説教者の立っている位置なのだと思います。説教者が、神の側に立って語るのか、聴衆と同じ罪人の側で語るのかの違いでしょう。若者は、牧師とは罪を犯しにくい存在だと勝手に思い込みやすいものです。だからこそ、若者向けの説教では、余計に説教者はより罪人である本人の葛藤やリアリティを話してあげることが大切です。説教者が自分もまた罪の葛藤に苦しんでいる。そのことは彼らにとって朗報（良き知らせ）です。そしてあの牧師のように罪を赦されたいと思えるのです。「大丈夫、私はあなたを裁いているわけではない。私も同じ罪人なんだ。そして罪に苦しんでいる。でも聖書の招いているように、一緒に悔い改めよう」と語るのです。

青年たちに、説教者自身が聖書の言葉に生きることに葛藤している姿を紹介してあげることです。決してきれいなでき上がった話である必要はありません。体裁の整えられた話には福音の響きが消えてしまい、説教者の良き人生の発表になりがちです。むしろ偽らず、飾らずに、正直に話すことです。そしてその葛藤に働いた神の恵みを語るのです。今、抱えている葛藤に、今日の当該箇所がどのように自分を悔い改めに導き、どのように励まし、勇気づけてくれたかを語るのです。

その時に、「ああ、この先生も自分と同じなんだな。この人であれば、自分の話を聞いてもらえるかもしれない」と青年たちが思える説教は、良き知らせとしての説教です。

⑶分かりやすさ――ディダスコーとしての説教

分かる説教とは何か？

続いて、「分かりやすさ」です。

若者に届く説教は、分かりやすい必要があります。知的にも、理屈としても分かるということが「届く」ということです。ディダスコーとしての説教とは、教えたものが把握されて、受け取ることのできる説教のことです。

『なぜ日本にキリスト教は広まらないのか』（教文館、二〇〇九年）を記された古屋安雄先生は、その理由の一つを「キリスト教は、日本では大衆でなく武士階級、つまり知識階級にまず入ってきた。説教は難しく、教会が学校のようになってしまった」と語ります。そして、日本におけるキリスト者人口の少なさを「量より質」と弁護する言説に対し、「量を切り捨て質を選ぶ立場は、自身の救いしか考えず、福音によって社会を変革する義務を放棄するもので愛に欠ける」と批判をされていました。

この指摘を、私たちは心しないといけないと思います。「説教が分かりにくい」という批評を受けた時に、「それでも自分の説教にきちんとついてこられる若者はいる！」と、自分の説教の改善をしない人もいます。そして、知的に分かる若者にのみ焦点を当て、難しいことが知的であるかのような説教があるのだと思います。かつてのＫＧＫ主事の説教はそうだったかもしれません。確かに知的な層としての大学生の時代があったからです。しかし大衆化された学生たちに、説教者自身の語る知的満足を得るために、その他の教会にいる若者を切り捨てている説教であるならば、そこには「頑張って、こういう話も分かるようになりなさい」という律法主義が発生しているのです。

その一方で、「先生はいつも情熱的に話してくれる。でも結局、今日の話も何を言いたいのかがよく分からない」ということもあるわけです。いくら情熱的であったとしても、聖書それ自身のメッセージが若者たちに届いていない。こういう説教者の場合、青年たちは知的にも成長しません。むしろ体験的なクリスチャンになってしまい、聖書的根拠のない危うい信仰にもなりえます。そして、本来ならば「知的にも伸ばしてあげられる」若者がきちんと育たないということにもなります。「若者向け」という説教が、あまりにも聖書テキストから離れてしまい、キャッチーなエピソードトークに終始し、聖書そのものから語られる努力がなされない説教は、かえって説教離れをさせていくこととなります。

説教の構成力の向上

そのために必要だと思うことは、こちらの差し出したものが、彼らの手にきちんと受け取られるということです。説教の言葉がすっきりと整理をされて、把握しやすい構造となっている必要があります。

私は若い主事たちや後輩の説教者から、「説教原稿を見てもらえますか？」と言われて提出された説教原稿を見て、説教原稿の構成、構造がはっきりと自分でも分かっていないなと思うことがあります。

ディダスコーとしての説教は、レジュメ、アウトラインをきちんと作れることが大切です。話し方は非常に上手で、情熱に溢れているけれども、構成の問題や、構成のバランスの問題のせいで、受け手に伝わりにくいということがあります。良い説教なのに「惜しいな」「もったいないな」と思う説教があります。そういう場合、説教者自身が聖書テキストから汲み取ったものを構造的に把握しえていないということがあるのだと思います。あるいは説教中に急に盛り上がり、説教者の中で起こった感情に導かれて、ある部分だけを急に膨らませていく。結局、トータルで聖書の伝えたいことを邪魔していく良くない「導かれ方」というものもあると思います。

アウトライン、レジュメがしっかりとした説教を作るためには、完全原稿を作成する必要があります。さらに説教前に説教朗読の練習をすると、その説教の論理や、構成の矛盾、無理が自分でよく分かるのです。あるいは原稿を読まずに、自分の説教を構成の順序を追ってイメージして、最後まで辿ることができるかを確認することも大切です。思い出せない時、そこにはつながらない論理があったり、展開がうまく行っていないことに気がつくからです。

何より一番のチェックは、同労の仲間たちに説教原稿を見てもらうことでしょう。仲間たちとの研鑽は、「分かりやすさ」を磨く近道です。私は神学生時代に、神学生が説教をする祈禱会が終わると、仲間たちとファミリーレストランに行って、説教の検討会をしました。また妻に説教原稿を見てもらい、女性に届く言葉なのかをチェックしてもらったことは、大きな経験であったと思います。

講解説教に取り組むこと

説教構成がしやすい主題説教にばかり取り組んでいると、聖書テキストそれ自体の持っている構造に、自分の話しやすいテーマを読み込んでしまい、聖書そのものを語れない説教者になっていくことがあります。

私が全国のいくつかの教会や教団で呼んでいただくようになった一つの理由は、テーマ説教よりも、聖書箇所それ自体を説き明かしていく講解説教に取り組み続けたことが理由だと思います。つまりユースキャンプを終えた次の主の日の礼拝説教との連続線を意識しているからです。多くの教会では主の日に講解説教がされています。しかし、キャンプでの説教が若者受けする恋愛や結婚、進路選択などのテーマ説教である場合、「キャンプは良かったけれども、いつもの通常の礼拝はつまらない」ということが起こりえますが、そうなるとその教団の牧師は安心してその説教者を呼ぶことができないのです。教会を荒らされたような気持ちになるわけです。

「届く」説教の訓練のためには、連続講解説教に積極的に取り組むことです。そして聖書テキストそれ自体に出会い、それを分かる言葉で語ることを繰り返すのです。そして聖書の伝えたい内容が、分かりやすい構造となっているか、トレーニングを積んでいくことが大切です。

神学的に考える思索力を磨くことの重要性

さらにディダスコーの説教を磨くためには、神学的に思索することが大切です。聖書テキストを教理的に正確に語るためにも、きちんと順序立って教理を語る備えができているかということは必要なことです。教理的な理解に不安を抱えていると、きちんと言い抜けないのです。その不安感は説教中に必ず現れますし、説教が分かっていないことは、聴衆にも当然分かりません。教理的な思索は続けていないと、すぐに弱体化してしまうものだと思います。

例えば日本の教会の弱点かと思いますが、説教を教会論的な視点において語るということが弱いのです。絶えず教会論を考え続けていないと、説教の適用がすぐに個人主義的なものに偏っていくのです。教義学の思索は、自分の中の弱点となっている部分も明らかにします。ディダスコーの説教を磨くために、自分の神学的な学びを継続することが非常に重要なことです。

(4) 黙想の力——パラカレオーとしての説教

さて、説教におけるパラカレオーの課題です。聞く者に慰めをもたらし、励ましを与える、説教の言葉です。

聴衆とのコンタクト

では説教者は、若者に届くパラカレオーの言葉をどこで得るのかというと、青年たちと過ごす現場だと思います。若者に触れていることです。ＫＧＫの総主事となって、学生と過ごすパラカレオーの時間は少なくなりました。一方で増えたのは若い主事たちとのパラカレオーの時間、「励ます」時間です。説教合宿という試みも、説教者の先生方からの相談を受け、牧師の必要、苦悩、葛藤に寄り添いながら生まれた企画とも言えるでしょう。

実際、パラカレオーの言葉は、若者と一緒に過ごしていない限りリアルな言葉を手にすることはできないと思います。先日、ある教会の牧師が「自分の子どもが大学を卒業したら、中高生向けのキャンプでは奉仕をしない」と言われたことは、ある意味分かるように思います。ＫＧＫ主事の先輩を見ていても、主事の子どもたちがある時期を越えると、ガクッと「届き方」が落ちるのです。これは見ていて、すぐに分かるわけです。説教者は、ある年齢とともにシフトチェンジの自覚が必要です。年齢とともに失っていく説教者のリアリティの問題が必ずあるからです。中には年齢を重ねても届く天才肌の人はいますけれども、一般的ではありません。むしろ「自分は届いている」と思い込んでいるのは惨めな気もします。

そこで若い説教者には、自分が若いうちにたくさん説教を作っておくことをお勧めします。そしてその原稿がいくら拙いものであったとしても、その説教原稿を捨てないことです。四

○代になると、失恋した切なさを思い出せないのです。恋愛したてのみずみずしい感情を思い起こすのは、至難の業となっていきます。あるいは親との間、兄弟との間の確執、人との比較の中で「自分が嫌いだ」という気持ちに押しつぶされそうになっていく夜を過ごす若者を想像することは、自然にはできなくなるのです。しかし若い説教者にとって、若者の悩みは、そのまま自分の悩みでもあります。若い頃に作った説教は、そのまま彼らに届く、借り物ではない自分の言葉があるのです。それを何度も何度も改めて、釈義し直して、説教として磨き上げていく時、その説教はパラカレオーの言葉として、響きを失わないものだと思います。私にも二〇歳代の時に作成して、今も現役の説教が一〇本ほどあります。

説教黙想とは何か

さて、説教黙想とは何か、ということを考えておきたいと思います。説教黙想とは、聖書の釈義と、説教原稿の間にある聴衆を釈義するとも言われる時間です。つまり聖書の釈義（原語に当たり、字義を調べ、聖書注解を読むことなど）を終えて、今から語る対象の若者たちを想像し、分析し、この説教の言葉が、彼らの日常にどのように響くのだろうかということを考え、祈る作業です。

以前、説教合宿をしたときには、ルカによる福音書15章から説教黙想をしました。九九匹を置いてまで一匹を探しに行く羊飼いの箇所から説教黙想をし、説教作成を行ったのです。「いなくなった」「迷い出した」という言葉に注目をして、生きる意味を失い、いるべき羊飼いの場所から迷い出している中高生たちの生活を思い浮かべる黙想がありました。また中高生たちは、具体的にはどんな迷い方をしているのかということを考える時に、家に居場所のない家庭の壊れている中高生の現状がありました。あるいは優秀な兄弟と比較して、親からは自分には価値がない、と思われている中高生のことを思い浮かべている黙想もありました。

では、その中高生たちに、「見つけるまで探し歩かないだろうか」という聖書の言葉はどんな響きを持つだろうか。彼らの現状にどのような慰めをここでもたらすだろうか。そういうことも考えました。さらに「見つけたら大喜びで、肩にかついで」見つけてくれた神の喜びとは、どのように中高生たちに伝わる言葉になるだろうかと話し合いました。そしてそこで得た言葉を、説教の原稿に記していくのです。

その作業をしながら、私たちが経験したのは、まさに教会にいるたった一人の青年を思い浮かべ、聖書の言葉がその青年に届く福音の響きを想像し、下を向いている彼の顔が上がるのではないかという励ましの言葉の数々を手に入れることでした。

若者の置かれている状況を一番よく分かる私たち説教者、牧師、ユースパスター、教会学校の教師たちこそが、彼らに届くであろう慰めを誰よりも想像できるのです。この黙想の作業は、若者カルチャー一般に詳しくなることを求めているのではありません。私たちが届けたいのは、自分が奉仕する教会の若者一人ひとりであり、彼ら一人ひとりの向こう側にいる彼らが誘ってくるノンクリスチャンの友人です。彼らの想像をし続けながら祈る時に生まれてくる言葉を大切にし、説教の言葉を選んでいくのです。

若者と時間を過ごすこと、かけた言葉を説教の言葉にしていくこと

繰り返しになりますが、このパラカレオーの言葉を得ていくために大切なことは、彼らと時間をしっかりと過ごすことです。そして彼らの置かれている状況で彼らの言った言葉を、心に深く留めることです。青年自身が語った言葉こそ、彼らの状況を言い当てる言葉になります。あるいは本人が特定されるのがふさわしくないのであれば、少し言い換えながらも、青年自身の使った言葉を語る。または言った本人が言葉にできなかった感情を説教者が言い換えてあげる時、「ああ、私はそう言いたかったんだ！」と、彼らのモヤモヤしていた気持ちがストンと落ちていきます。これらは青年たちと一緒に過ごした時間量が圧倒的にものを言います。そして彼らの行動、行為、感情、言葉に心を留める文学的センスが必要です。

あるいは若者と過ごして自分がかけた何気ないアドバイスの言葉を、説教の言葉にしていくことです。文章にしておく努力をするのです。一対一では非常に力のあるアドバイスをす

ることができるのに、説教の言葉になると途端にかしこまって、自由な言葉を失ってしまう説教者がいます。しかし青年担当のスタッフは、自分なりに若者を励まし、届いたと思う時間や祈りや言葉の経験を持っているのだと思います。それを説教の言葉として語るために、日頃からメモをしたり、あるいは若者の言葉を書き留めておいたりする工夫や努力をすることをお勧めします。

⑸若者に届く「説教者」――マルテュレオーとしての説教

若者に届く「説教者」はいるのか？――説教者論を考える

そして最後はマルテュレオーの言葉としての「届く」ということです。証言者そのものの人生をかけた証言です。証言者はその証言が信じるに足るふさわしい人物であるかどうかが問われるわけです。つまり生き方を問われた証言の言葉としての説教です。

若者たちから信頼されるに足りる説教者とはいかなる存在でしょうか。若者に届く説教者論を考えたいと思います。

テモテへの手紙一４章12―13節に「あなたは、年が若いということで、だれからも軽んじられてはなりません。むしろ、言葉、行動、愛、信仰、純潔の点で、信じる人々の模範となりなさい。わたしが行くときまで、聖書の朗読と勧めと教えに専念しなさい」とあります。

ここでパウロ牧師が、若い説教者テモテに語る言葉があります。説教者テモテは召命感の揺れを感じていた時でした。そこで老牧師パウロは彼を導いてきた指導者として、愛するテモテにアドバイスを送るのです。このパウロとテモテの関係は、説教者にとって非常に重要です。

自分に届いた説教者たち

説教者論を考える上で大切なことは、憧れる説教者がいるかということです。まさに「証言者」として自分の前に立って、人生をかけて証言をしてくれた人の存在です。私たちが説教者として歩みを始めるために、真似をしたいと思える人のことです。

時に「憧れる説教者がいない」という若い説教者がいますが、それは「自分は自分のスタイルで」「誰にも影響を受けていません」という高慢さなのだと思います。あるいは本当に憧れる説教者がいないという不幸な状況です。そういう人は説教者としての伸びしろをほとんど持っていない場合が多いです。

真似をすることは非常に重要です。私も浦和福音自由教会の坂野慧吉先生、また神戸改革派神学校で学んだ時の校長牧田吉和先生という、二人の先輩の説教者から圧倒的な影響を受けました。説教音源をすべて文字に起こし、自分はなぜこの先生の説教で恵まれたのか、分析をし続けました。そして声色、空気感、熱量もすべて真似しました。

ＫＧＫの後輩のある主事は、主事になりたての頃、徹底的に私の真似をしたそうです。しかし、今ではその影が見当たらないぐらい自分の型を手に入れているわけです。今、彼は同世代の中でも、いくつもの教団のキャンプから声のかかる抜きん出た説教者になったと思います。

聖書と説教に真剣であること、本気であること

パウロはテモテに「聖書の朗読と勧めと教えに専念しなさい」と促します。

マルテュレオーの説教者として、説教準備において真剣であることが求められます。すでに見てきましたが、聖書に対して真剣であることです。聖書それ自身を誰よりも何よりも愛していることです。それが若者たちには分かるのです。「これを読んでほしい」「聖書はすごいんだ」「イエスさまを信じてほしい」その真剣さは、途中いくら笑いを取ったとしても、「おもしろい話だった」で終わるわけにはいかない、譲るわけにはいかない真剣さです。

そして、説教をすることに真剣であり続けることです。自分の説教はすべて録音して何度も聴くことが大切です。「自分で聞けないものを人に聞かせることなど許されないことだ」と、加藤常昭先生は言われました。自分の説教によって慰められ、教えられ、励まされる説

教者でいるべきです。

敬虔であること、純潔であること

さらにパウロがテモテに語ったのは、「言葉、行動、愛、信仰、純潔の点で、信じる人々の模範となりなさい」という言葉です。

青年伝道の担当者の性的な罪などの不敬虔な行為が起こると、青年たちの信仰を破壊します。ここ数年のうちにもユースパスターとして活躍していた牧師たちのスキャンダルを耳にしてきました。このような問題によって、青年たちは、神に従うことに絶望をします。

結婚している説教者の夫婦関係が良いということはそのまま若者に届く説教者となっていきます。「あの牧師夫妻は、すてきだなあ」と率直に思うわけです。夫婦関係がどのように見えるのか、純潔を保ち、妻だけを愛していることが明らかになっている牧師は、女性から安心して説教を聞いてもらえることとなります。一方で、そこに不安定さを抱えている牧師は、見ていて危ういものを抱えていると思うことがあります。

以前、「大嶋先生は、夫婦愛を語りすぎて、夫婦関係が壊れている聴衆への配慮が足りない」という批判を受けたことがあります。その配慮が教会で大切なことは分かりますが、ユースタッフにとって必要なことは、その気遣いよりも、青年が憧れる彼らの将来像を、説教者自身が見せてあげることです。

説教者と比較――召命感に立つこと、失敗を重ねていくことへの勇気

また説教者の課題には、他の説教者との比較の問題というのがあります。テモテも、また同世代のテトス、シラス、ルカ、マルコに見られる初代教会の第三世代も、比較で苦しみました。初代教会の第一世代とは、ペトロ、ヨハネです。第二世代とは、パウロ、バルナバ、アポロです。化け物のような偉大な先輩たちが自分の前に立っていたのです。最初テモテはパウロ先生に目をかけられたエースだったわけです。しかし教会で収まることのないトラブルに、パウロ先生が心配し、二度も手紙を書くほど、テモテは苦しみました。「健康のためにぶどう酒を飲みなさい」と言われるほど体調も崩し、召命感も揺らいだのです。

そこで若い説教者テモテに語られたのは、初めの召命に立つことです。他の誰でもない、あなたを立てたのは主のご計画であり、主の選びです。主はあなたを他よりも優れているから選んだわけではありません。神の務めに立たしめられた理由は、私たちには分かりませんが、神の側ではその理由を持っておられます。そしてそれが唯一、私たちが説教者でいられる理由です。

失敗し恥をかくことを恐れて、与えられた説教の場所を引き受けない若い説教者が多くい

ます。しかし場数を重ねること以外、説教者が伸びることはありません。そもそも自分を高く見積もらないことが重要です。大した説教者でもない自分に説教させてもらえる機会が与えられることは、なんと光栄なことでしょうか。依頼者の側でも自分が失敗することも織り込み済みで依頼してくださっているのです。むしろ誠実に準備をし、練習をし、どんどんチャレンジをしていく必要があるのだと思います。

説教者の弱さと挫折

最後に、パウロの「年が若いということで、だれからも軽んじられてはなりません」という助言です。軽く見られる屈辱の経験をテモテはいくつもしたのだと思います。説教をしていて、その自分の無力さや挫折を経験することは少なくありません。私も何度も何度もその痛みを経験してきましたし、これからもするでしょう。若者には届くかもしれませんが、年配の方には届かないのではないかという足りなさを今でも覚えます。しかしそのような挫折や弱さの経験こそ、証人、証言者としての説教者人生に大きな意味を持つのだと思います。何より挫折の経験を知っている説教者でなければ、家庭が壊れ、親に捨てられ、傷ついてきた若い青年たちの心の深いところに寄り添うことはできないのです。

もちろん自分の挫折の経験、自分の弱さの経験によって、若い彼らの気持ちのすべてを分かってあげられるわけではありません。すべてをご存知なのは神のみですし、聖書こそ青年たちの深い闇を照らしてくれます。説教者に求められているのは、説教者としての苦難と試練をきちんと生きることです。自分の罪深さ、無力さ、過去の失敗、今の失敗に目を背けずに、神の言葉を聞き続けるのです。そしていつか自分に起こっている苦難と試練を説教で語れるようになる日を待ち望むのです。自分の挫折、苦難、試練の日々のことを諦めずに、説教の証しになる日を待ち続けるのです。私たち夫婦は、起こった試練の真っただ中にあっても、よく二人で、「このことはいつか必ずメッセージのネタになるね」と、極度の苦しみの中でも言い合います。この苦難は苦難のままで終わらない。その「諦めない」姿勢は、傷つき、挫折した青年たちには驚きの存在であり、福音の証言者となるのです。

おわりに

ここまで五つの説教の諸要素から、「若者に届く」ということを考えてきました。

中高生たちは、「偉い先生だから聞こう」なんて思っていません。大人は聖書を正確に説明しているからという言葉で、理解し、許容してくれます。しかし中高生たちの敏感な心は、自分に届こうとはしない説教に対して、非常に冷淡です。そしていとも簡単に心のシャッターを閉めてしまいます。

しかし説教者が彼らのために、ユーアンゲリゾーであり、ディダスコーの説教をしようと心がける時、情熱を持ってケリュッソーの言葉を語ろうとし、パラカレオーの言葉を探し続ける姿は、どれだけ愚直であっても、魅力的です。

こういう魅力は、絶えず知的な好奇心を持ち、変わり続けよう、学び続けようとしている姿ではないかと思います。私たちも彼らの心に届くために、変わり続け、学び続け、説教の研鑽を積み続けたいと思います。

第４章　若者に届く説教を目指して
――説教の途上の形成と若者との歩き方

はじめに

初めての説教経験

自分自身が、生まれて初めて説教をした経験は、高校一年生の時でした。教会から牧師が離任したことによって、無牧（牧師不在）になりました。京都の田舎であった私たちの教会に代理で説教をしに来てくれる牧師も限られている状況を迎え、教会の執事、役員が礼拝の説教を担わないといけない必要が生まれたのです。そこで教会主催で、説教訓練会が開かれました。高校一年生で洗礼を受けたばかりの私も、信仰に燃え、教会の役員の大人たちに混ざって、同じ訓練を四週間にわたって受けました。今から考えても結構、本格的な学びであったと思います。そして自ら説教原稿を作成し、説教演習も行われました。私はなぜか恐れを知らず、イザヤ書を選び、終わった後は自分なりには結構な充実感で、そこそこの手応えと他の人からの評価を得たのです。

そしてCSの先生から「ぜひ中学生たちにそのメッセージをしてほしい」と依頼を受けて、その説教を中学生科のクラスでしました。するとそこに居合わせた私の妹が「お兄ちゃんのメッセージは何を言うてるのか、さっぱり分からん」と、ばっさり切り捨てたのです。

これは今思うと幸せな始まりだったと思います。つまり自分の話は、自分の手応えや、充実感、満足感とは別に、結構「よく分からない」ものなのだという自覚がもたらされたのです。

その後KGKの主事になり、学生伝道の働きを始めてからは、自分を捕らえ、感動してきた説教が語られるということが、どれだけ難しいことなのかということを経験させられました。そして今まで自分を捕らえ、自分が感動し、また涙し、何よりイエス・キリストを信じることになった説教とは一体、何が語られ、何が起こったからなのかということを考え、学び始めるようになりました。

「わたしはどんなことでもします」

パウロは、コリントの信徒への手紙一9章22―23節で「弱い人に対しては、弱い人のようになりました。弱い人を得るためです。すべての人に対してすべてのものになりました。何とかして何人かでも救うためです。福音のためなら、わたしはどんなことでもします。それは、わたしが福音に共にあずかる者となるためです」と語りました。

福音はどの時代においても変わることなく真理です。しかしその福音が語られる世界は変わっていきます。福音が伝えられる世界に向かって、伝えられる方法は、時代と文化によって変わっていくのではないでしょうか。実にパウロは手紙で、彼が生きた時代ならではの言葉、例えば経済用語、法廷用語、農業用語などを用いました。その地域性に合わせて「走る」「打つ」などスポーツの用語も用いました。その手紙の読み手が、語りたいことの意味が分かるように言葉を選んで、手紙を書いたのです。「福音のためなら、どんなことでもします」と言ったとおり、何とか何人かでも救いたいと願っているのです。

私たちはパウロと同じ心持ちでいます。私たちの教会にいるあの小学生たちと、自分の子どもや孫たちと、「福音に共にあずかる」者になりたいのです。あるいは教会に初めて訪ねてくれた中学生に対して「何とか」したいと思うのです。この街を歩く高校生の「何人かでも救うため」にどんなことでも取り組んでいきたいと思っているのです。

では、それはどのようにすればよいのでしょうか。

1　説教までの途上と「届く言葉」の形成を目指して
――エマオ途上のキリストから

⑴説教までの途上の形成
説教までの途上を形成する人格的な交わり

ルカによる福音書では、24章にエマオ途上を歩く二人の弟子が出てきます。この二人は、イエス・キリストから直接、説教を聴き、彼らは「イエスだと分かった」「わたしたちの心は燃えていたではないか」という経験をするのです。福音が届く、福音を聞くとは、まさに「このイエスだと分かる」という経験です。

このエマオ途上でのイエス・キリストの関わり方から、若い世代の彼らに「届く」ことを知りたいと思います。そして聖書の説教、福音の説教がいきなり語られるのではなく、説教に至るまでの「説教の周辺」、あるいは「説教までの途上」があることに気づきます。そしてイエス様が彼らに聖書をまっすぐ語られるまでの出会い、時間の過ごし方、信頼関係の形成など、「説教までの途上」の形成について、「届く」説教について考えていきたいと思います。

ルカによる福音書24章13―35節

ちょうどこの日、二人の弟子が、エルサレムから六十スタディオン離れたエマオという村へ向かって歩きながら、この一切の出来事について話し合っていた。話し合い論じ合っていると、イエス御自身が近づいて来て、一緒に歩き始められた。しかし、二人の目は遮られていて、イエスだとは分からなかった。イエスは、「歩きながら、やり取りしているその話は何のことですか」と言われた。二人は暗い顔をして立ち止まった。その一人のクレオパという人が答えた。「エルサレムに滞在していながら、この数日そこで起こったことを、あなただけはご存じなかったのですか」。イエスが、「どんなことですか」と言われると、二人は言った。「ナザレのイエスのことです。この方は、神と民全体の前で、行いにも言葉にも力のある預言者でした。それなのに、わたしたちの祭司長たちや議員たちは、死刑にするため引き渡して、十字架につけてしまったのです。わたしたちは、あの方こそイスラエルを解放してくださると望みをかけていました。しかも、そのことがあってから、もう今日で三日目になります。ところが、仲間の婦人たちがわたしたちを驚かせました。婦人たちは朝早く墓へ行きましたが、遺体を見つけずに戻って来ました。そして、天使たちが現れ、『イエスは生きておられる』と告げたと言うのです。仲間の者が何人か墓へ行ってみたのですが、婦人たちが言ったとおりで、あの方は見当たりませんでした」。そこで、イエスは言われた。「ああ、物分かりが悪く、心が鈍く預言者たちの言ったことすべてを信じられない者たち、メシアはこういう苦しみを受けて、栄光に入るはずだったのではないか」。そして、モーセとすべての預言者から始めて、聖書全体にわたり、御自分について書かれていることを説明された。

一行は目指す村に近づいたが、イエスはなおも先へ行こうとされる様子だった。二人が、「一緒にお泊まりください。そろそろ夕方になりますし、もう日も傾いていますから」と言って、無理に引き止めたので、イエスは共に泊まるため家に入られた。一緒に食事の席に着いたとき、イエスはパンを取り、賛美の祈りを唱え、パンを裂いてお渡しになった。すると、二人の目が開け、イエスだと分かったが、その姿は見えなくなった。二人は、「道で話しておられるとき、また聖書を説明してくださったとき、わたしたちの心は燃えていたではないか」と語り合った。そして、時を移さず出発して、エルサレムに戻ってみると、十一人とその仲間が集まって、本当に主は復活して、シモンに現れたと言っていた。二人も、道で起こったことや、パンを裂いてくださったときにイエスだと分かった次第を話した。

説教前に形成する若者たちとの信頼——共に歩く、共に過ごす、共に食べる

エマオ途上を歩く二人の弟子は、エルサレムで主イエス・キリストの復活の知らせを聞きながらも、エルサレムから離れて行こうとしていました。エマオは彼らの実家のあったところではないかと言われています。数年前、自分たちが救い主だと信じ、「望みをかけて」、その後をついていった人物が死んだのです。しかもその人の十字架刑を目の当たりにした時、彼らはキリストの弟子であることをやめようとしたのだと考えられます。なぜそう言えるのかというと、この時、二人の弟子はイエス・キリストを「神の子」とはもう言わずに、19節では「ナザレのイエス」と言い、「預言者」と言います。21節では「望みをかけていました」と過去形で語り、彼らの失望が現れています。そのためでしょう、17節では「暗い顔」をしていました。さらに23節では、婦人たちが天使たちから「イエスは生きておられる」と告げられた「と言うのです」と語り、復活は、他人が言っている聞いた話にすぎません。復活が自分の人生に起こったこととして受け止められていないのです。さらに16節の「目は遮られている」とは、クラテオーという言葉で、「しっかりとつかむ、しっかりと捉える」という意味があり、彼らは自分がしっかりと握っているものがあるために、イエス様が目の前に現れても、イエスだと分からない状況にあったことが分かります。

こういう若者の姿は、よく見る光景です。親がクリスチャンで教会に連れられてきていた。

しかし、「神がいるかどうか、自分には分からない」。そして「熱心な親が、熱心な教師が、『神がいる』と言っている」。そして教会に行くことよりも、「自分の楽しみ、自分の夢、自分のやりたいこと」をしっかりと握っている。それゆえ、説教と聖餐において、イエス・キリストが目の前に差し出されていながらも、若者たちの目には見えないという状況です。

復活のエルサレムから逆に歩く向きを共に――前でも、後ろでもなく、隣りを

そんな彼らに現れたキリストの登場の仕方に、私たちが若者に関わる位置を教えられるのです。イエス様は、復活のエルサレムから離れて行こうとする彼らに、真正面に立ちふさがって現れて、「何をしているんだ。どこに行こうとしているんだ」と、叱りつけたりなさいませんでした。またエルサレムから、つまりご自分から離れていく彼らを「じゃあ、勝手にしなさい。自分で自分の選んだようにすればいい」と放置することもされずに、彼らの隣りを歩かれたのです。これこそが、牧師や教会の大人たちが、教会から離れていく若者のそばに立つ時の位置取りです。

もちろんイエス様は、不信仰を妥協されたのでもなく、罪を曖昧にされたのでもありません。この後はっきりと「聖書全体から」福音をまっすぐに語られます。しかし主イエス・キリストは、彼らの失望と不信仰を最初から否定することはなく、エルサレムから離れていく

道のりにもかかわらず、一緒に同じ方向に向かって歩くという仕方で、彼らと出会われたのです。

彼らのそのままの言葉を聞く

ではそれはどのように歩くということなのでしょうか。続きを見ていくと、よく分かります。隣りに位置しながら、彼らに尋ねられたのです。17節「イエスは、『歩きながら、やり取りしているその話は何のことですか』と言われた」。「何を話しているのですか？」と彼らの話していることに、興味を持って聞かれたのです。若者と共に歩くために必要なことは、彼らに関心を持つということでしょう。そして彼らの関心のあるものに関心を持つということです。

するとニ人の弟子はこういう態度を取ります。「エルサレムに滞在していながら、この数日そこで起こったことを、あなただけはご存じなかったのですか」と、「あなただけ知らないのですか？」とバカにするのです。イエス様の側からすると「いやいや、それ、オレのことだし！」と言いたくなるその話題の主人公なのですが。目の遮られた彼らにとっては、まるで何も知らない人であるかのような高慢な態度を取ったのです。

しかし、ここでもイエス様は怒ることをせずに、19節で「どんなことですか」と聞かれるのです。

私たちは若い世代に「そんなことも知らないの?」と言われるとプライドが損なわれて腹が立ったり、「ああ、もう自分は彼らと話せないほど年を取ったんだな」と恥ずかしい思いがすることがあります。そして、「あまり若い人には話しかけないでおいたほうがいいんじゃないか」という思いになります。

しかし主イエスは、ここで若い弟子から、バカにされたり、ご自分のプライドを損なわれたり、恥をかくことなど、この後の福音を語ることのためであるならば、いくらでも引き受けられるのです。

「どんなことですか?」「ぜひ知りたい。ぜひ話してほしい。ぜひ教えてほしい」。これが主イエスが若い二人の弟子に取られた態度だったのです。

私たちは若者たちの関心事を尋ねるということが大切です。スピードと多様性が大切だと言われる時代です。「今の時代はこれ」というものなどはなく、若い世代の関心事は実に多岐にわたります。若者世代に妙に詳しい大人になる必要などはないと思います。しかし教会にいる彼らの好きなもの、関心事には関心を持っていたいと思います。私は自分の教会の中高生の好きなものを聞いて、できるだけ調べようと思っています。それが私からすると「えっ?!」と思うようなものであっても、時に教会の文化にそぐわないかもしれないと思うものであっても、一応調べて「あれ、かわいいねえ」「かっこいいね」と語りかけます。読んでいる雑誌、漫画、小説、歌手の歌詞、それらに共感しなくても、理解しようと試みるのです。やがて、このことが「届く言葉」を語る説教黙想に意味を持ちますし、説教の途上の形成にも大きな意味を持ちます。

怒らずに、裁かず、評価せずに

すると彼らは、彼らの暗い顔をした理由を話し始めました。彼らはイエス様に対して「望みをかけていました」と、キリストへの失望を直接語ります。そしてキリストを自分の人生の過去の出来事として語り、他人事のように復活を語るという、イエス様を前にしていくつも失礼な言葉を続けるのです。

しかし延々語り続ける彼らの言葉を、イエス様は一度も遮らずに、評価をせずに、彼らの言葉をじっと聞かれるのです。裁かずに、彼らのそのままの言葉を聞かれたのです。

私たちは子どもたちや青年たちが教会で、批判や不満を話そうとすると、すぐに評価が顔に出ます。「その理解は間違っている」「聖書のことが分かっていないからそんなことを言うんだ」「そういうつもりで教会は考えているわけではない」。すぐに判断が入ってきて、そのまま表情に現れます。しかし彼らの理解が間違っていようと、きちんと彼らの言葉どおりに、彼らの発言のまま聞くということは非常に重要です。

先日、埼玉の春日部にある教会で、礼拝説教を終えた後、午後の時間に青年たちの集会を行いました。そこで牧師に依頼されたのは、「ここが嫌だよ、私の教会」というテーマで話し合いのリードをするようにということでした。牧師夫婦もそこに入ってもらって、話し合いを進行したのです。

するとそこで彼らは、「この教会は、大人たちが『クリスチャンらしく』と厳しすぎる」「教会員の間で正直に話ができていない」「俺は知っている。実はあの人とあの人は仲が悪い」「教会ではいい子ちゃんの仮面をかぶってしまう」「説教が自分に語られているとは思えない」と、一切大人への配慮をしない発言が飛び交いました。しかし牧師は夫婦で、表情を固くせずに、「そうだよなあ。そういうところあるよなあ」「分かる。俺もあの人たちの仲の悪さは知っている」と言いながら、この時間を過ごしてくれました。

そしてそのまま終わらずに、「ここが好きだよ、私の教会」という話題に移ったのです。すると「教会だけでは、本当の自分でいられる」という先ほどとは全く逆の声が上がりました。「説教はときどきよく分からないけど、牧師のキャラだけは好き」とか、「同じ教会で育ってきた同世代の仲間がいる」「クリスチャン二世の苦しみを分かってあげられる人が多い」などが挙がりました。

さらに、「もっとこうしたらうちの教会は良くなるのに」というお題の時には、「礼拝後、携帯ゲームばっかりをやっている子どもたちが可哀想。もっと大人が一緒に遊んであげたら、あの子たちも教会を好きになるのに」「教会から離れて行ってしまった同い年の彼らと、ラインググループを作って、誘ってみる」などが挙がりました。

最後に感想を言い合うと、「あいつが、こんなに本気で教会のことを考えているなんて思わなかった。なんだお前、熱いじゃん」「俺だって考えてんだよ」「お前が教会の役員をやればいいんだよ」などと言い合うわけです。

うれしいことに、ほとんど教会に来ておらず、「教会では本当の自分でいられない」と言った子が、その翌週から、再び教会に戻ってくるようになったということや、携帯ゲームばかりをやっている子どもたちに、大学生たちが礼拝後、公園でサッカーを一緒にやったりしてくれるようになったそうです。

同じ距離を歩き、同じ時間を過ごし、そして泊まる

もちろん教会にいる若い世代に「ほら、じゃあ話して」と言っても、すぐに話せるわけではありません。「本当にきちんと聞いてくれるのだろうか」と、教会の大人を信頼していないことがあります。正直に話すことができるためには彼らとの間に、時間をかけた信頼の形

成が必要です。

イエス様がさらにこの旅の途上でなされたことは、彼らと同じ距離を、同じ時間、一緒に歩かれたということです。若者たちと同じ時間を一緒に過ごすことなく、若者たちの心の暗闇を話してくれるようなことはありません。彼らの心に届く説教の周辺の形成は、一緒に時間を過ごすこと抜きにしてはできません。

イエス様は六〇スタディオンという距離を一緒に時間をかけて歩かれたのです。そしてその後、29節で二人が「一緒にお泊まりください」と言い、そのリクエストに応えられ泊まろうとされたことは、彼らにとって大きな意味を持ったでしょう。

クリスチャンのユースキャンプの良い所は、礼拝後数分や、ＣＳの数十分のプログラム優先の関係や、礼拝後の立ち話ではなく、一緒に泊まり、数十時間の時を共にできることです。そこで彼らの本音の言葉を、次の予定のないところで、ゆっくりと聞き、語り合うことができるということです。

そこでは、大人である私たちも、同じプログラムを全力で遊ぶということが大切です。私は夏にいくつものキャンプに招かれますが、どんなに「先生、夜の集会がありますから、お部屋でお休みください」と言われても、説教前に外に出て行って彼らと一緒に遊びます。ゲームのプログラムには必ず参加し、そこで彼らの名前を覚えます。そして誰のことを話題にし、いじったらみんなも喜び、「この先生は私たちのことを分かってくれているな」と思ってもらえるかを見極める時間を過ごします。そして説教で、覚えた名前を「例えば○○くんだったら」と、その名前を呼びながら、話を進めていきます。

夜は夜で男の子たちの部屋に入っていき、遊んだり、彼らの抱えている信仰のテーマや、恋愛や性のテーマについて耳を傾けますし、こちらもはっきりと話します。こういう時間をきちんと持つと、中高生は本当によく説教を聞いてくれるのです。彼らと一緒に遊び、一緒に泊まるという時間がもたらすものは、説教者への興味と関心、さらに「自分たちのことを知ろうとしてくれている」という信頼と安心です。

若者伝道の成果は、かけた時間に比例するというのが、私の確信です。どれだけハイセンスで、お金がかかっていたとしても、時間をかけて彼らと付き合う人がいなければ、瞬時に関係は終わります。海外からミッションチームが来て、一瞬だけ盛り上がっても、すぐに立ち消えになってしまうことはよく経験することです。一方、どれだけセンスが悪くても、時間をかければ必ず誰かが育ってきます。

ＫＧＫでは、説教がいくら良くても、部屋に閉じこもりきりで、スモールグループで学生と一緒に話そうとしない牧師はお招きすることはありません。説教を語るために、説教が説教として聴かれるための、説教までの途上の形成がされていない、あるいはしようとしない説教者の言葉は、いくら言葉が流暢に語られても、若者たちの心が燃える経験とはなりにくいからです。

私の知り合いの四〇代後半の牧師は、夏前になるとキャンプのために、走り込みをして、体力を作ります。中高生と三泊四日のキャンプをするとヘトヘトになります。私の教会の前任牧師は七〇代ですが、腹筋は割れていますし、二泊三日の小学生キャンプにはフルで参加します。山登りにも行きますし、最終日夜の回心を迫るメッセージは小学生の心を捕らえています。

そしてキャンプではなくとも、中高校生たちの延々と続く話を聞いたり、ダラダラとした「何の時間なんだろうか」と思えるような場所を一緒に過ごすことが、彼らに福音の説教を語り、説教を聞いてくれる関係には必要なのです。

このエマオ途上の二人は、イエス様の前で、安心して話すことができました。イエス様の引き出す聞き方は、そのままイエス様に彼らの失望や悲しみを語ることとなり、それは彼らが気が付かないままイエス様に直接、悲しみを祈るという行為となっていたのです。

食べる

さらにこの箇所で、イエス様が彼らになされたことは、食卓を囲むことでした。キリスト教信仰において、食事を一緒にするというのは非常に霊的なことであり、信仰的な行為です。イエス様は絶えず弟子たちと食卓を共にされました。福音書にあれほどの食事を共にされている記事があることは、弟子たちにとっても、強く印象に残っているのだと思います。

十字架を前にキリストの前から去った弟子たちが、「私たちは漁に行く」とキリストの弟子であることも辞めて、漁師に戻ろうとした時、イエス様は彼らに朝ご飯を作って待っていてくださったのです。裏切った自分たちにイエス様は何とおっしゃるのだろうか、怒られるのだろうか、そんな戸惑いの中で、イエス様は「ご飯を食べなさい」と彼らを迎えてくださったのです。

若者とご飯を一緒に食べる、あるいは一緒に作るという行為は、牧師にとっても非常に重要です。牧師とご飯を食べるということは、赦されている関係が表現されています。しばらく教会に来ておらず、本人も心苦しく思っている彼らに、「今度、うちにご飯食べにおいでよ」と言うことは、「教会に来ていないことを責めているよりも、あなたと一緒の時間を持つことを楽しみにしているよ」という彼らの居場所の形成になるのです。

教会の中で、若い世代を迎えて、ご飯を食べさせてくださる家庭がいくつあるでしょうか。家庭のリビングで、ご飯を食べてリラックスをして、信仰の話をする。彼らの正直な言葉を聞く。聖書を開く、お祈りをする。これは永遠に不滅なアプローチでしょう。

⑵「届く言葉」の形成

確信を持った神の言葉の語りと、時代に「届く言葉」

そして彼らの言葉を聞き終わった後、25節には「そこで、イエスは言われた。『ああ、物分りが悪く、心が鈍く預言者たちの言ったことすべてを信じられない者たち』」とあります。別の翻訳では「ああ愚かな」と訳され、非常に厳しい表現で言葉がかけられます。しかし、この時には、この厳しい言葉を聞いても受け止められるだけの時間を過ごし、対話を過ごし、説教までの途上が形成されていました。この説教までの途上の形成がなされた中で、主イエスはためらうことなくはっきりと福音を語り始められるのです。

それはヨハネによる福音書4章のサマリアの女に、「水をください」と、水という切り口から周辺の形成をされつつも、「あなたの夫をここに呼んできなさい」と彼女の隠された罪を明らかにし、彼女が本当に必要としている福音への招きへと踏み込まれたのと同じです。

もし若者たちと良い信頼関係を築きながらも、彼らの抱える課題を知っていながら、踏み込まず、罪だと語らずにいるならば、そのことも彼らが教会から離れていく大きな理由になります。若者にははっきりと罪を語ること、「罪を罪とする」ことが必要です。説教までの良い途上は形成されながらも、罪の面において対峙できない大人や牧師ならば、彼らはその牧師を尊敬しません。

「ありのままのあなたは素晴らしい」とだけ語る牧師の言葉は、「ありのままの自分の罪深さ」に気がついている若者には届きません。もっと自分を肯定し、評価してくれる場所があるなら、彼らは簡単にそこへ移っていくでしょう。そして関係作りの巧みな牧師が他の教会に移動していくならば、その若者はそのまま教会には来なくなるのです。

若者がキリストに出会うために必要なことは、罪をはっきりと語り抜くことです。

通常の説教では使わない表現を用いて

「ああ、物分りが悪く、心が鈍い」という表現は、言うならば「バカだな」と非常に刺激的な表現で、ユーモアの響きも含まれています。つまり「バカだな」と始まる説教だったのです。さらに「心が鈍い」は、やがて「心が燃えた」と、「心」つながりのレトリックも用いられています。

この刺激的な説教の導入と表現は、若い二人にハッとする説教の入り方だったのではないでしょうか。私の友人である牧師が説教中に「神を信じないと平気で言う奴はバカですよ」と言った言葉を聞き、「牧師がバカっていうのか。この人は面白い」と教会に行き続け、今は牧師になった人がいます。パブリックスピーキングにおいて、「バカ」という言葉を用いることはほとんどないでしょう。しかし、聞いている若者の言葉を説教でも使用する、イエス様の彼らの心に「届く」表現がここにありました。

聞き手の心を言い当てる

さらに、彼らの物分りが悪く、心が鈍い理由が明らかにされました。それは「預言者の言ったことすべてを信じられないこと」と、ずばりそのものが言い当てられました。厳しい表現であるにもかかわらず、彼らがそれを聞くことができたのは、彼らの問題そのものを「その通り」言い当てられたからです。

説教者は、若者たちの抱えている状況、心理描写を言い当てる必要があります。その時に起こってくるのは、「この先生は自分のことをよく知ってくれている」「なぜこの先生は今の自分のことを知っているのだろうか」という経験です。そして次に起こるのは、「ああ、聖書が自分のことを言っているからなのか」という聖書との出会いの体験です。聖書そのものに出会っていくのです。そして「ああ、神様が今の私のことを知ってくれているからなのか」という神体験となっていきます。

この「私のために語られている」という説教経験をする時に、「心が燃えたではないか」という経験となり、「このまま先に行かせてはいけない」という神の言葉をもっと聞きたいという情熱が内側から起こってきたのです。

２　説教への具体的・実践的な手引き

⑴私の説教体験

叩き上げの説教経験のスタート

さて、私自身が若者に届く説教を目指してきた歩みを少しお分かちしたいと思います。

大学卒業後、すぐにＫＧＫの主事になりました。埼玉県の獨協大学の学生たちから「大嶋主事、五月の学園祭で、『神、罪、救い』の三つのテーマで、三回の説教をしてもらえますか？」という依頼を受けたのです。説教とは何か、説教準備が何かが分からないまま、まさに叩き上げの世界に放り込まれました。さらに奉仕教会であった浦和福音自由教会では月に一度の夕礼拝の説教奉仕もありました。初めて夕礼拝に向かい、一番前の椅子に座り、原稿を見返していた時に、「この原稿の説教を、今から聴衆の人たちは神の言葉として聞くのだ」と思うと、恐怖が襲ってきて、途轍もない汗の量が吹き出てきたことを思い出します。また最前列に座る坂野牧師が、説教の途中に時折、首をかしげ、他の聖書の箇所を開いたりするのが目に入ってくると、「ああ、今、自分は何かおかしいことを言ったのだろうか……」と戸惑いが隠せなかったりしました。

この頃に必死で行ったことは、自分自身が深く教えられ、問われた説教の録音テープを借りてきて、そのテープ起こしをしたことです。そして「なぜ自分はこの説教で深く捕らえられたのか」、それが説教中のいつどの時点で自分に起こったのかということを分析し、考えました。

また、牧師にこの原稿で学生に話してよいかということを聞いて、了解してもらって、それをそのままやってみても、「届いていない」という経験をしました。結局、借り物の言葉ではなく自分自身の言葉で語らないかぎり、「届かない」のだという現実をも経験しました。

勢いとフィーリングの近さで——神学への渇き

この頃の自分自身の説教はある程度、そのまま学生たちにリアリティのある言葉であったと思います。まさに三歳年下の学生たちが抱える悩みは、親との関係であったり、恋愛、失恋、性の悩み、人間関係、自分自身への失望などでしたし、それはそのまま二〇歳代前半の自分の人生の悩みでしたし、彼らのリアリティを黙想することは容易いものでした。この時期の黙想から生まれた説教原稿は、やがて神学校に入り、釈義を改めて行い、さらに手を入れ、いまだ現役の説教として活躍をしています。

しかし一方で、続々と変わっていく若者世代の文化を見ていきながら、自分の勢いとフィーリングの近さで「届く」ことができるのは、あとわずかな時間しか残されていないと思ってもいました。そして変わりゆく時代と、変わりゆく自分のフィーリングの近さではなく、変わることのない福音を正確に説き明かせるようになるために神学を学びたいという思いが更に増し加わっていったのです。

神学校での召命

神学校での学びは、まさに水を得た魚のようでした。「ああ、こう語ればよかったのか」ということを発見した喜びの三年間でした。そして何より「説教とは何か？」を学んだことは、神への畏れと共に大きな喜びの務めであることを知らされた経験でもありました。また、「この先生のような説教者になりたい」と思える説教者たちとの出会いや、いつになっても消えない研究室の明かりから、勉強を続けることへの集中を学んだ時でもありました。さらに「神学的に語る」という実践の経験は、私を説教者として整えてくれました。

神学校最終学年の時に、ＫＧＫに再び戻ってこないかという声をかけていただきました。牧師になるつもりでいた自分にとって、大きなチャレンジでした。しかし当時の校長に、「教会にモノが言える学生伝道の働き人がいるだろうか。あなたは教会に役に立つ働き人になりなさい。一〇年間、がむしゃらに学び続けなさい。神学の勉強を止めてはいけない。やり続けると、必ず役に立てる働きができるから」と言われました。

学生伝道という場所から、教会を建て上げる働きをすることへの確信を受け取りました。そして若い世代に福音を届けること、福音を届けるために、「届く言葉」を手に入れること、そのためには何でもやることを心に決めたのです。

神学校を出てからの数年間の葛藤

しかし神学校を卒業し、再び学生伝道の現場に戻ってきた時、自分の中に生まれた実感は「届いていない」自分の説教の現実でした。説教の言葉が、神学校の言葉だったのです。教会の大人たちは、それらの言葉に慣れていて、それなりに聞いてくれるわけです。また自分自身もその言葉を使用してさえいれば、確かに間違ってはおらず、教会でも神学校の説教演習でも批判されることもないものであったでしょう。しかし、神学校に入る前に確かに持っていた「届く」言葉を失い、学生たちに「届かない」説教となっていることに気がついたのです。そこから抜け出るために、およそ五年間の時間が必要であったことを思います。

離れていく自分の言葉と若者の言葉

「届く言葉」を求めてひたすらしたことは、彼らとたくさん時間を過ごして、また自分の説教を聞いてくれた学生たちの説教のレスポンスの言葉を聞き続けることでした。キャンプやメッセージの後の分団、スモールグループに出て、学生たちが自分の説教をどのように受け止め、自分の言葉で表現しているのか、あるいは本当に伝えたいことが伝わらず、流していってしまっているのか、あるいは深く心に届き、自分の語ってはいないことをまで聖霊によって導かれ、教えられているのかを教わる場所に身を置きました。

その説教後の分かち合いでは、自分が説教で使用した言葉とは違う言葉で、教えられたことを分かち合い、さらに聖霊なる神様が働き、彼らの日常に適用し、深く問われている彼らの実存の言葉を聞き続けました。そしてその言葉を聞くたびに、自分の説教原稿にすぐ手を入れ加筆し、届いていなかったところは、なぜ届かなかったのかも学生たちの言葉から分析し、別の言葉を使用し、もう一度試すことで、自分は少しずつ若者に届く言葉を手に入れていったように思います。

これはなおも今、学生たちから年が離れていく自分自身が自分に課していることです。なぜなら、四〇歳中盤になった自分にはもう、あの二〇代前半に作成したみずみずしい、あるいは切ない思いを抱えながらの説教黙想を自然にすることはできないからです。どうしても初めの聖書の読み手である自分自身が四〇代の年齢を抜け出ることはできなくなっているのです。しかし、教会の小学生、中学生、高校生、学生たちが、説教中にまっすぐにこちらを向いている目と目が合い、彼らが真剣に説教聴聞をしてくれるためには、私は彼らから「御言葉の分かち合い」という助けを得なければならないのです。

⑵説教黙想のために――若者の世界を知ること

彼らの「かわいい」「かっこいい」を共感しなくても、理解すること

さらに、彼らに届く言葉の心理描写を得るための努力は欠かせません。このために自分がしていることを、お恥ずかしいのですがいくつか紹介しようと思っています。

まず彼らの「かわいい」「かっこいい」「刺さる」「やばい」と言っているものを「何が良いの？」と聞いて、とりあえず調べることです。時にはまったく共感できませんが、キリスト教的世界とは逆だなあと思うものでも、罪ではない限り、その表現の仕方やセンスに注目し、目を通すようにしています。

中高生たちが読んでいる言葉、表現、世界観を知る

特に中高生たちに届くためには、彼らの読む漫画は、彼ら世代の言葉が詰まっています。

ＫＧＫの主事で、野球漫画が『巨人の星』から『タッチ』世代へと移ってきたことに、世代

に届く「かっこいい」言葉が変わったことを表現した主事がいました。いわゆる『巨人の星』世代は「根性」で這い上がり、多くの犠牲を払っても成功を勝ち取っていく格好良さでしたが、あだちみつるの描く『タッチ』世代は、汗をかくのはダサい。熱血スポ根ではなく、「しらけ世代」と揶揄された世代でした。

しばらく前から圧倒的人気を誇るのは『週刊ジャンプ』連載の『ONE PIECE』でしょう。経済的な成功体験などなく、不景気のみを経験してきた若い世代にとって、単純でシンプルな友情関係と勇気は、彼らの心にストレートに訴えます。

また重松清の描く少年少女の葛藤を描く小説『きみの友だち』は、非常にレベルが高いと思います。重松清という中年男性作家がどうして、小学生女子の気持ちが分かるのだろうか、驚きを禁じえません。さらに『桐島部活やめたってよ。』などの高校生の時代の人間関係の葛藤を描いた朝井リョウの小説もまた、若者独特の表現が使われています。ＳＮＳ世代の就職活動を描いた『何者』も非常に刺激的です。こういう小説を夏のキャンプの前に読み、「果たして、自分のこの説教原稿は、ここに出てくる若者の悩みに届き、キリストとの出会いへと促される説教となっているだろうか」と考えるのです。これらの小説を読むと、自然と説教黙想に入っていきます。

また、中高生が「刺さる」と言う歌手の歌詞がどこが良いのかと調べ、学び、考えるのです。スガシカオという歌手は、X（旧Twitter）で使用されている言葉に敏感でいることで、現代に届く歌詞の世界に自分の身を置こうとしているそうです。

中高生たちの生きている時代のリズム、テンション、間、スピード

また芸人のお笑いは、中高生たちが生きている時代のリズム、テンション、間《ま》、スピードがほとんど正確に表現されています。漫才ブームで言うと、やすきよ漫才全盛であった頃、そのスピードを倍速にしていった紳助竜介が、若者たちの世界で笑いを取るようになりました。その後、出てきたのがダウンタウンで、スピードのしゃべくり漫才から、ボケの「発想」とツッコミのセンスで笑いを取るようになったのです。これは神学におけるアウグスティヌスから、カルヴァン、そしてバルトに至るように、お笑いにおいて避けては通れない道筋となりました。

同じ原稿でも、説教のリズム、スピード、間を少し変えるだけで、若者世代に受けるリズムへと変わっていくのも興味深いところでしょう。

聴衆と説教者の分かち合いと、説教内における対話

また、キャンプでお願いするのはレスポンスカードの配布と回収です。説教を語り終えた

後、五〜一〇分ほど静まる時間を取り、説教の感想、あるいは疑問を書いてもらいます。それを回収して、私のもとに届けてもらい、すべて目を通します。そして次の説教で、いくつかの質問に答えるところから始めます。また、レスポンスカードに記されている彼らの説教を聞いた言葉で、次の集会の説教原稿に手を加えます。

さらに説教中に、レスポンスカードに書かれてあったことを引用したり、または説教中に、聴衆の中の誰かとの対話を入れることがあります。こういうことは、主日の礼拝でも取り入れておられる教会はいくつかあります。

⑶説教者自身の御言葉の体験のリアリティと共に

そして何より、説教を届けるために一番大切なことは、説教者自身のリアリティのある言葉です。

その時に大切なことは、説教者が本当のことを語るということでしょう。一五歳の頃、四〇代の人が、自分の気持ちを分かってもらえる可能性など想像もしませんでした。若い彼らが一番嫌うのは、置きにいった言葉でしょう。「牧師だからこう言っておくしかない」というような置いた言葉を言うのではなく、周囲の目を恐れずに、自分に向かって、本当のことを本当に思っている言葉を言う人であれば、その真剣さは必ず彼らに届きます。これは時代を超えてそうでしょう。

いつの時代も借り物の言葉では届きません。大人は内容さえあれば我慢してくれます。しかし、中学生や高校生は我慢してくれません。むしろこの時代に生きる自分の言葉を探そうとしてくれる説教者は、驚きを持って、歳の差がいくらあろうとも受け入れてくれます。

また自分の話をする時に、彼らに届くのは、成功談ではなく、失敗談を語るということでしょう。説教者が自分の主に従ったことによって得た成功体験を聞けば聞くほど、彼らは、「そのようになれていない私たちを先生は非難しているんだろうな」と思いますし、失敗談を正直に話してくれる牧師のほうが親近感を持ちます。その場合の失敗談は、よほど品性のない話をしないかぎり、彼らには尊敬を持って受け入れてもらえます。

このような正直な言葉を手に入れるために、私がしていることは日々自分の信仰の気づきを、自分の言葉で表現していくことです。そしてブログ、ＳＮＳなどで発信し、自分の表現をさらすことは大切です。それらが彼らにどのように読まれているかを知ることで、言葉を磨いていくこととなります。最近では、ポッドキャスト（PODCAST）でネットラジオも始めました。説教とは違いますが、彼らに届く表現があるならば、それはどんな表現なのかを試しているところです。

⑷説教をいかに始め、どのように構成するか

どのように説教を始めるか――修養会、キャンプでの説教の構成

キャンプは初日の説教がすべてを決めます。ですので、初日は中学一年生にターゲットを絞り、徹底的に中一を笑わせ、この人の話は面白いと思ってもらえるように、努力をします。初日に聴衆の心のシャッターが閉まると、どれだけ取り返そうと思っても、その後最終日までシャッターが開くことはありません。初日は、自分の救いの証しとともに、「神様があなたと会えてよかったと喜んでいる」「神様があなたを呼んでいる」「この神の声が聞こえるか？」「一緒にこの声を聞いてみよう」という話をし、同時に、「正直な交わりをしようね」「君たちと友達になれたらうれしい」「どんな質問でもしてね」と、レスポンスカードに書いてもらえるようにします。

そして二回目は、レスポンスカードの質問の回答から入り、罪と十字架の話をします。初日で空いたシャッターは、罪の話をしてもきちんと聞いてくれます。ここで大切なのは、十字架の恵みが輝くような説教者の罪深さ、正直さでしょう。ここで他人事の話をすると、彼らは自分のこととして十字架を受け止めることはできません。

三回目は、救いの確かさを語ります。二、三年生になると、キャンプの時に決心したこと

も、その後の数日の生活で簡単に堕落し、落ち込んでいく自分自身に失望をしています。そして修養会、キャンプだったからと、あの感情の一時的な盛り上がりに過ぎなかったと、救いも一時的なものになりがちです。そこで、聖霊に守られていることと、約束としての救いの確かさを語ります。私はここでよくペトロの裏切りについて語ることが多いです。

そして四回目の説教は、この世界に派遣されているクリスチャンと教会の使命についてです。

⑸説教における「感情」――笑いについて

さらには、説教における感情表現の問題があります。聖書には、イエス・キリストが「泣かれた」「憤られた」という感情表現はあっても、「笑われた」という表現がないことから、説教で笑いを誘うことはふさわしくないと言う人がいます。しかし、イエス様は本当に笑われることがなかったのでしょうか。私はむしろ、イエス様はいつも笑っておられたから、特別笑われたということが記されなかったのではないかと思います。イエス様の例え話のユーモアのセンスを見ても、イエス様の話は爆笑だったのではないかと思います。

しかし私は一時期、自分のメッセージに感情移入をするのを意図的に避けていたことがあります。自分自身が表に出て、聖書の言葉自身が聴衆に残らないのではないかと思ったからです。しかし二〇一一年にオーストラリアに行き、向こうの聖公会の牧師たちの感情表現豊かな説教、それでいて熱心で正確な釈義を経た上できちんと聖書から説き明かす姿を見て、自分のスタイルはこれだと思ったのです。

また、アメリカのジョン・パイパー師の講演に、「感情的な神」という講演があり、神ご自身が熱情の神であり、この神の熱情を私たちの冷めた語り方で邪魔をしてはならない、という趣旨の説教を聞いた時に、自分自身を説教者として選ばれた神の選びから考えるならば、自分なりの感情表現を説教中にすべきではないかということを思わされるようになったのです。

特に聖書の物語のワンシーンを目の前に見えるように描き、話すことができたならば、聴衆はその場所で起こっていることを追体験していくことができるのではないかと思います。福音書の物語で起こったであろう音、会話のテンションを表現することで、まるで自分もそこにいて、イエス様の話を直接聴いているような思いになっていってほしいと願います。

⑹説教の技術を磨くということ

時折、「大嶋先生は若者向けの説教の賜物がありますからね」と言われて戸惑うことがあります。なぜならば、私はこれらの説教の技術を磨いてきたからです。そして今思うことは、このスキルは必ず磨くことができるものです。

もちろん、説教は聖霊なる神の御業です。聖霊なる神が働かれなければ何も起こりませんし、説教で起こることを、説教者がコントロールすることはできません。神への畏れを失った説教は、聞くに耐えないでしょう。それだからこそ、聖霊なる神の御業を思い巡らし、正確に釈義の作業に取り掛かり、会衆に神が語ろうとされる説教の準備のためには、最善の準備をささげなければなりません。

私が説教を始めたばかりの時の説教を今聞くと、顔が真っ赤になるほど下手ですし、とても若者に届くとは思えません。今でも課題は多々ありますが、今とは本当に違います。私の説教は、天才肌のセンス豊かな人のしゃべりではなく、明らかに努力と研究と経験の中で築き上げてきたものです。今でも一人で会堂で練習をしますし、自分の説教音源を聞き直します。

今も完全原稿ですし、笑いを取りたいところも、すべて原稿に書いています。間《ま》を取りたいところは、忘れないように「大きな間」と書いています。ですので私は若者に届く説教とは何かということを自分で説明できるのです。元読売ジャイアンツの天才長嶋茂雄のように、「バーっと来て、ガーンと打つ」というのではなく、地道な努力と練習の積み重ねで、ある程度のところまでは行くのです。

これらの努力をすることで、もし一人の中学生が「イエス様の話をまた聞きたい」と思ってくれるのであれば、自分のスタイル、自分の語り口などを捨てて、「救われるためなら何でもやりたい」と思うのです。

3 「届いた」説教のもたらす経験

(1)「分かった」という経験

回心体験と「つながる」経験

エマオ途上で福音の言葉が語られた時に、彼らに起こった経験は、「目が開かれた」ということでした。

目が開かれるとは、「目が閉ざされている」（クラテオー）と反対の経験です。つまり握りしめていて、見えなくなっていたものを手放すという、経験です。これは悔い改めるということです。「ああ、自分は間違っていた」と罪を認め、回心するのです。暗い顔になっていたものを手放したのです。そして本当に握りしめるべきものを握るという回心体験が起こったのです。説教が届くとは、「この目が開かれる」という悔い改めが起こることです。

さらに説教が届くとは、何より「イエスだと分かった」ということです。説教そのものの目的は、「キリストと出会う」ということが説教において起こることです。「イエスだと分かる」そのことが「届く」ということを表現しているのです。

また、この「分かった」という表現は、「つながった」という意味を持つ言葉です。つまり、自分の生きている生活と、聖書のことがつながったということです。

人ではなく、神に

さらに必要なことは、説教者が若者に「届く」言葉を手に入れるだけではなく、若者を良き聴衆として整え、育てることです。「若者向け」の説教は聞くけれども、普段の礼拝説教を聞くことができないならば、彼らの信仰は幼いままになってしまうでしょう。そのためには、彼らが普段の礼拝において、「届けられた」説教を「受け取る」耳と頭と心を持つことができるように、神学的な訓練をする必要があります。彼らがこの先の人生で起こる挫折、問題に立ち向かい、歴史に耐えうる信仰の訓練が必要となってきます。

この後、イエス・キリストが目に見えなくなりますが、もうこの二人はイエスが目に見えようが見えまいが関係がなくなったのです。このことは大きな意味があります。

説教までの途上の形成が巧みな牧師は、最終的にその牧師が転任していくと、その青年たち、信徒たちも教会から離れていくということが起こります。人間関係のつながりは、最終的には教会につながるということになりません。しかし神学的な訓練がなされ、一人で聖書を読むことができ、一人で祈り、友人がいなくても、礼拝に出続け、教会の奉仕や財政、教会の交わりを担い続けていける訓練を、若者たちに提供する必要があります。人にではなく、神に従うための若者の育成です。

⑵説教を聴ける若者たちへの神学的訓練

そこで見ておきたいイエス様の説教の鍵は、27節の「そして、モーセとすべての預言者から始めて、聖書全体にわたり、御自分について書かれていることを説明された」という言葉です。

聖書全体から――組織神学的な説教

暗い顔をして、信じられなくなっている彼らに「聖書全体」から説明をされたのです。若い世代に必要なことは、聖書の箇所やＣＳで聞いてきたお話の一つ一つは知っていても、それがつながっていないことです。木の一本一本は知っていても、森全体を見渡せていない。その時にこの聖書箇所の持つ意味が他の箇所とつながらないのです。日本の教会の弱点は、信仰の組織神学的理解の弱さであると思います。聖書のいくつかのお話は知っていても、そのお話の持つ意味、人生におけるつながりが、教理的な柱によって形成されず、その適応が聴衆の個々の信仰に委ねられていたり、あるいは説教者の適応に影響されてしまうことが起こっているのです。

まさに青年期において「人間は何のために造られたのか」「世界は何のために創造されたのか」「キリストというお方はどういうことをなさったのか」「世界はどう終わるのか」「自分の人生をどのように終える必要があるのか」ということを深く考え、つなげていく説教体験をする必要があるのです。

ここでイエス様がなさったことは、聖書全体から「御自分について」、つまりキリスト論が語られたということです。まさに聖書の説教を聞く訓練がなされないといけません。しかし、教理の学びが堅いお勉強になってしまい、彼らの教理への嫌悪感が生み出されていることを思います。二〇一九年二月に、日本基督教団の連合長老会で「若者に教理を語るために」という講演をしました。そこでお伝えしたことは、大切なことはイエス様がここで「御自分について」語られたように、教理を自分の人生と共に語る必要があるということです。このことについてはまた機会が与えられたらと思います。

聖書の読み方

さらに、「モーセとすべての預言者から始めて」という聖書そのものの読み方の訓練も必要です。聖書を文脈から読むこと、その時代背景をきちんと押さえること、聖書記者の伝えたい中心をつかんでいくことです。聖書そのものをきちんと自分で読めるようにするのです。さらにそれらの文脈、背景を理解しただけではなく、「今の自分に語られている」という聖書の読み方を身に付けるのです。

そのために有益なのはグループで聖書研究をする経験です。一人の牧師が教え、導くのではなく、いくつか用意された質問に聖書そのものから学び、交わりの中で意見を交換し、聖書自身から発見し、聖書の語る福音を汲み取り、聖書を読む力を形成します。そこでは自分とは違う発見をする兄弟姉妹の交わりから、グループや交わりの中で聖書を読む面白さを経験しますし、自分一人で読んでいては決して気が付かない発見をすることがあります。ノンクリスチャンの人がいてくれることで、当たり前にしてきたことに、福音の光を見出すことも起こります。

そしてそこでは悔い改めが起こり、御言葉の喜びが起こります。そして聖書の言葉そのものが「自分を変えてくれる」経験を積み重ねることによって、聖書そのものへの信頼が育つのです。さらに、「この箇所を牧師は今日、私たちの教会の群れにどのように語るのだろうか」というように礼拝の説教の聞き方が変わっていくのです。

歴史を学び、この国で生きるために

さらに、「モーセとすべての預言者から始めて」という時間の流れの中で聖書が語られるという、聖書の持つ歴史性も考えられる必要があるでしょう。「届く」説教のために、聖書の言葉が歴史の中で、どのように読まれ、さらにはどのように読み違えたからこそ、教会はどのような過ちを犯してしまったのかということをきちんと学ぶことです。さらにアジア、沖縄、被災地、さまざまな地に若者たちを連れて行き、そこで共に聖書を読むという経験は、今置かれているこの時代の日本に、キリスト者として生きていく覚悟を形成してくれます。

自分について——恋愛、結婚、性、進路選択、労働観、職業観

さらに聖書が「分かった」を生み出すのは、自分の握りしめている時代の価値観、聖書よりも優先したくなる恋愛観、結婚観、性についての率直な説教でしょう。このような若者が抱えるテーマについて、イエス・キリストが「御自分について」語られたように、説教者自身が自分についても、きちんと率直に語る必要があります。

私が「聖書の語る恋愛、結婚、性」という説教をする時、率直に自分の性的な悩みや葛藤を彼らに話します。性倫理の乱れている中で、「自分たちだけおかしいのか？」と悩むクリ

スチャンたちに、説教者が自分を正直に語ることが求められているのです。

(3)聖餐と賛美と祈り――イエスはパンを取り、賛美の祈りを唱え

さらに説教の周辺にあるのは、30節にあるように、聖餐と賛美と祈りです。プロテスタント教会の礼拝の中心に説教があることを考え、説教のことを考察してきましたが、同時にこのエマオ途上でなされたのは賛美と聖餐でした。

また若い世代が、説教を聞くための途上としての賛美、説教に応答する祈りの持ち方についても、神学的議論をさらにしていくことが必要だと思います。

(4)教会共同体を建て上げていく信仰

教会共同体に向かっていく「届く」説教

33―34節「そして、時を移さず出発して、エルサレムに戻ってみると、十一人とその仲間が集まって、本当に主は復活して、シモンに現れたと言っていた」。

そしてこの「イエスだと分かった」説教体験をし、彼らの「心が燃えた」時になしたことは教会の交わりに戻ることでした。「時を移さず出発して、エルサレムに戻って」とあるように、彼らはいても立ってもいられずに、エルサレムの教会の交わりに戻っていったのです。

教会の交わりに戻らずにはいられない「心の燃え方」だったのです。若者に届くとは、教会に戻らずにはいられない事態を生み出すのです。

「燃えた」という表現は点火したということです。聖霊の御業に用いられる言葉です。聖霊の御業は、教会共同体を建て上げていくのです。イエス様のなさった説教は、彼らをキリストの教会の交わりに生きるものへと変えていったのです。

普段の礼拝説教との連続線を目指す

個人主義的な時代の中で、「若者に届く」説教を聴いて、教会共同体を担う説教の応答が立ち上がらないといけないのです。いくら同世代がおらず、若者が少ない教会であったとしても、その教会の一部に自分がなることの召しに応答が生まれていく説教でなければいけません。

ましてや、「あのキャンプの説教は良かったけど、自分の教会の牧師の説教は良くない」という批判が生まれてしまい、若者向けの説教者が人気を得るような説教となってはいけないのです。

教会の牧師の説教は家のご飯です。家庭では子どもたちが嫌いでも、ピーマンを出しますし、小骨が多くてもカルシウムの多い小魚を出すのです。一方で、教会とは違って、キャンプの説教は、ハンバーグのようなものです。「食べて、すぐ美味しい」と分かる。しかしずっとハンバーグやスパゲッティーでは健康に良くないのです。そして「説教を美味しい」という経験を重ねていけばいくほど、むしろ「やっぱり家のご飯が一番だね」ということになっていくのです。

若者に届く説教が目指すものは、普段の礼拝での説教との連続線です。「ああ、自分に語られている」という説教体験をキャンプや若者向けの集会で経験した時、その目的は「いつものあの礼拝もきちんと聞いてみたら、分かるのではないか」という今まで閉ざしていた自分の耳と心が開かれる経験をし、いつものあの教会の礼拝説教をきちんと聞いてみようという説教への期待が生まれていくのです。

ですから、キャンプでのあまりに非日常的・非教会的すぎる説教経験は、彼らを教会共同体へと向かわせません。その意味では若者に届く、若者向けの説教をする時に必要なことは、教会の礼拝に送り出す説教をすることです。ですから若者向けの説教も、同じように釈義が丁寧になされ、備えられた説教壇に送り出す説教をする必要があるのです。

教会の祈りと犠牲の自覚を促す

個人化した時代の中で、説教が「われら」に生きる理解を与える必要があります。そして自分だけではなく、自分の次の世代のために、教会を建て上げ、教会の中で奉仕をしていくことを喜びとする若者が育っていくことが必要です。

自分と同じようにまだ「イエスだと分からない」次世代への重荷を持ち、同じくエマオに向かおうとしてしまっている次の世代と、一緒に歩こうとする重荷を一緒に背負っていけるように励ましていくことが大切です。

奉仕者としての訓練をする

そのために必要な訓練は、「交わり」による奉仕の経験です。ＣＳの教師会、キャンプ準備委員会、互いの賜物を持ち寄って、キリストの体を具体的に建て上げていく喜びの経験をすることは大きな意味を持ちます。ＫＧＫにおいても、夏のキャンプ準備委員会を経験すると彼らの信仰はぐっと成長します。また学内のグループに気の合わないクリスチャンがいる。そんな彼を受け入れられない自分の弱さと向き合い、葛藤する。「そんな交わりには行かなくてもよい」と思うのではなく、その交わりに踏みとどまり、キリストの愛された教会を愛していく奉仕の経験こそ、彼らの神学的訓練が実際的なものとなるでしょう。

教会論が弱点であると言われる日本の教会の中で、「個」に陥りやすい彼らを、教会に生き続けようと励ますことが大切です。

(5)キリストの喜びを分かち合う者へと――伝道

35節「二人も、道で起こったことや、パンを裂いてくださったときにイエスだと分かった次第を話した」。

届けられた者は届ける者へと変えられる

最後に、二人の弟子は、エマオ途上で起こった彼らの喜びの経験を、分かち合い、伝える者へと変えられていきました。エマオに戻った彼らが、福音宣教へ踏み出す伝道者へとチャレンジされていくことが大切です。真の説教体験をした者は「この説教をあの友人に聞かせたい」と、説教へと巻き込む、説教への途上を歩く者へと変えられていくのです。

おわりに

説教は、説教だけの単独では存在しません。説教には説教に至るまでの「途上」の時間があります。説教後を含め、説教の「周辺」があります。神の言葉が語られ、聴かれるまでの時間が、説教を存在せしめているのです。

そのために説教者は、説教の途上を聴衆と歩くことを求められます。とりわけ若い世代に神の言葉を届けるためには、この「途上」と「周辺」の形成はとても大切なこととなります。「自分は神の言葉を語っているのだから、それで十分だ」というのは、エマオ途上を弟子と共に歩かれ、あるいは三年間の弟子たちとの共同の生活をされたキリストの生涯を無視することとなります。神の言葉が語られ、聴かれ、神の言葉に生きる生活の形成を、若者たちと共にする必要があります。そうする時、彼らに届く言葉が見つかっていくのです。説教後の彼らの御言葉を分かち合う言葉を、じーっと聴いていくと、次の説教の言葉の手掛かりを神様は与えてくださるのです。

説教者にとっての何よりの喜びは、聴いた彼らが洗礼を決心し、教会に集うことを喜びとし、奉仕を担い、「この教会の説教はおもしろいから、ぜひ教会に来てみなよ」と伝道を始めてくれることです。そのように成長していく彼らと同じ道行きを歩いていく説教者とならせていただきたいと、心から願うものです。

付論　若者と生きる教会、それから……

はじめに

二〇一五年に『若者と生きる教会』、二〇一九年に『若者に届く説教』を出版しました。どちらも多くの方々に手に取っていただき、また教会役員会で読書会をしていただくなど、著者として感謝に耐えません。

現在は一九九七年から働いた超教派の学生伝道団体を退職し、埼玉県川口市にある鳩ヶ谷福音自由教会で牧師をしています。増補改訂版を出すのにあたって、ひとつの地域教会の主任牧師となった自分が今考えさせられ、学ばされてきたことを、新たに記したいと思います。

鳩ヶ谷福音自由教会とは

私の牧師をしている鳩ヶ谷福音自由教会は、埼玉県川口市にあります。鳩ヶ谷は江戸幕府の将軍が徳川家菩提寺の日光へ向かう日光御成道の宿場町の一つです。将軍様の通った道に鉄道の線路が通ることを拒否し、地域活性化から長い間置き去りにされてきました。かつては鳩ヶ谷にはバスで行くしかなく「陸の孤島」と呼ばれていました。

鳩ヶ谷福音自由教会は、一九六五年に日本福音自由教会の浦和福音自由教会と蕨福音自由教会から宣教師が送られ、英会話クラスを通して宣教が開始されました。やがて鳩ヶ谷近隣に住むクリスチャンたちと宣教師が出会い「この町に教会を」という願いのもと、私立のキリスト教主義幼稚園が設立され、幼稚園で保護者のための聖書勉強会が始まります。

高度成長期には、教会周辺に公団住宅がいくつも建てられ、団地に住む子どもたちが幼稚園に入り、卒業生たちを含め毎週二〇〇名の子どもたちの集う教会学校となりました。しかし一方で教会内の争いが絶えず、教会設立六〇年の歴史において私は七代目の牧師です。またクリスチャンホームの子どもたちが教会に残ることが難しく、私と同世代の四〇代から五〇代のクリスチャンが少ないのが特徴です。しかし教会学校には熱い情熱を持って奉仕をしている教会学校教師がたくさんおられます。

鳩ヶ谷福音自由教会と私

私はKGK主事として北陸地区から鳩ヶ谷に引っ越しをしてきました。鳩ヶ谷教会に集うようになった最大の理由は、郷里の福知山で私に洗礼を授けてくださった先代牧師が牧会されていたことと、妻の実家に車で三〇分ほどの距離であったことです。

また、外部教会での礼拝説教奉仕の多い私にとって、妻と子どもたちが安心して行ける教会を望んでいました。妻の大好きなハンドベルクワイアがあったことは、わが家の家族にとって教会の着地に大きな助けとなりました。

1　ユースパスター（青少年担当伝道師）として

教会のユース中高科への関わり

当時の教会の課題は、クリスチャンホーム出身の子どもたちが中学生になると、教会からこぼれ落ちていくことでした。役員会も同じ危機感を覚えておられ、私は鳩ヶ谷福音自由教会の青少年担当伝道師となりました。さらに中高生科クラスの奉仕にも加わりました。最初に話し合ったことは、中高科クラスは「礼拝なのか」という議論でした。中高科クラスしか参加しないミッションスクールの中高生もいましたが、クリスチャンホームの子どもたちは中高科を終えると、ほぼ全員が礼拝出席をしていましたので（七四頁「1　子どもと共にする礼拝」の「(1)『大人の礼拝』という言葉」参照）、礼拝形式のプログラムから、中高生時代に即したテーマの学びと、中高生の交わりの形成を目的としたプログラムに変更しました。

プログラムの最初は「今週の一週間」というお題で、一人一、二分で互いの一週間にあったことの分かち合いをしました。これは中高科スタッフたちが教会メンバーの日常を知り、彼らの好きなこと、夢中になっていることを知り、学びの説教黙想に大きな意味を持ちました。私も彼らの好きなアニメを聞いて、次の週までにインターネットで見てきて「あれ面白かったよ」と、彼らとの会話に入っていけるようにしました。

そして学びは教案誌を用いることを中止し、中高生の時に起こりやすい信仰の葛藤をテーマにしました。四月は「学校生活と部活」、五月は「教会って行かなきゃいけないの？」、六月は「スタッフの救いの証月間」、七月は「恋愛・結婚」などテーマを決めて、スタッフの証を交えたメッセージに変更しました。

メッセージの分かち合いを重視する

またメッセージ後は、全員が一言感想を言い合う「分かち合い」を大切にしました。最初、中学生はほとんど言いたがりません。しかし高校生たちが、本音で教えられたことを言葉にしていく姿を通して、どのように学びを聞いて、自分のこととしていくのかを中学生たちもやがて学んでいきます。鳩ヶ谷教会の中高生たちは福音自由教会主催の地区のキャンプに行くと、分かち合いのスキルが非常に高いと言われたことがあります。それは中高科で週ごとに磨かれているからでしょう。

ここでの最大の注意点は、語ったCS教師も、同席しているCS教師も意欲的に、そして正直に自分の教えられたことを分かち合うことです。時折中高生たちにだけ感想を言わせて、大人は何も言わないことがあります。しかし牧師が悔い改めるべきことを正直に分かち合わなくて、中高生たちが自分の心にあるものを話してくれることなどありません。「大人も同じように悩んでいるんだな」と気づいた中高生は、自分の悩みを話せる空気感に守られて、分かち合いをすることが上手になっていきます。また教師になりたての未経験の教師のする学びも、先輩教師が教えられたことを分かち合うことでフォローされて、教師訓練にもなっていきます。

ガヤと負け顔

中高生科教師に必要なのは、「ガヤを飛ばせる力」と「負け顔」がうまくなることです。「ガヤを飛ばす」とは、中高生の発言や分かち合いに「いいねえ」とか「それ面白い！」「よっ！　さすが！」などの合いの手を入れることです。ガヤ力は集会を盛り上げるのに、とても大切な能力です。中高生たちは自分が言ったことに何の反応もない時、「言わなければよかった」と思います。しかし自分の発言をフォローし、面白がってくれ、笑いに変えてくれる人がいるならば、安心して話すことができるようになります。

また「負け顔」とは、中高生たちからのツッコミに、イラッとしたり、むきになったりせずに、彼らの失礼な発言にも「負けて」あげられる表情を出せることです。そのような表情は彼らに親しみを与えますし、教師への信頼関係が生まれていく土台となっていきます。「負け顔」のうまい人は、「いじられ上手」な人でもあります。人間関係を築くのが苦手な中高生たちも、いじりやすく、負け顔の上手な教師のそばには近寄っていきやすいものです。

教会と中高生科をつなげる

さらに中高科クラスの学びのゲストに「レジェンドウィーク」という教会の年配の人を迎え、一〇分以内で証をしてもらいました。ユース担当スタッフは、教会の縦の線をつなげる意識を保つ必要があります。また礼拝で主任牧師がエフェソ書講解をしている時には、学びのテーマを「私のエフェソ書」などにし、礼拝説教で語られるエフェソ書の説教に興味を引くようにしました。

主任牧師とは水曜夜の祈禱会の前後に、中高生たちの状況を報告し、中高科で新しく取り組むことがある場合、必ず相談をしてから進めました。主任牧師の牧会方針をよく理解し、報告、連絡、相談を欠かさないことが、ユースパスターには重要なことです。

次世代スタッフの育成

また中高科クラスを卒業した卒業生たちに、中高科教師になってもらいました。彼らは自分が育ってきた中高科を大切にしてくれます。次の世代もこぼれていかないように、励ますことがとても上手です。あるスタッフは、説教をメモするノートを一人ひとりにプレゼントしてくれ、それの使い方を彼らに教えてくれています。

また彼らが教団主催のキャンプの準備委員の奉仕をするようになり、中高生たちを教会外の同世代の友人へとつなげていってくれるようになりました。教団主催のキャンプを面白いものにするためには、準備委員会にどれだけ良いスタッフを送り込むかは重要なこととなります。

自分が関わり始めた世代から、教会内カップルが誕生したことは大きな感謝でした。そしてこの夫婦が青年会や中高生たちを家に招いてくれる存在となってくれました。「大嶋先生夫婦が見せてくれたことが、今の自分たちには大きいです」と彼らが言ってくれたことは、私たちにとってもやってきたことが報われる大きな励ましとなりました。

シンプルに以上のことを一〇年続けていった時、ある時期から中高生たちが教会からこぼれていくことが減ってきました。そして中高生のうちに洗礼を受ける決心をしていく若者が起こされていくようになりました。大きな目立ったことではありませんし、小さなことであったと思いますが、教会が何かしらの手を打つならば、教会学校は必ず息を吹き返すというのが、私の経験からの実感です。ここまでが青少年担当伝道師（ユースパスター）をしていた自分の働きでした。

2　主任牧師になってから

さて先代牧師が引退された時、「鳩ヶ谷教会の牧師にならないか」という打診を受けました。しかしKGK総主事になったばかりでお断りすることとなりました。しかし牧師不在の期間に、教会の牧師を求める祈りに加わり、またステージ4の癌になられた方が「大嶋先生、俺は先生が牧師になるのをずっと待っているよ」と言われた時、「この人を待たせてはいけない」と思い、夫婦で祈って牧師になることを決断しました。

主任牧師になってからは、ユースパスターとして見えていたことと全く違う光景が見えてきました。宗教法人代表としての責任があり、献児式から葬儀にいたるまで、教会員一人ひとりの全人生に関わっていきます。学生伝道の時には葬儀の司式は一度もしたことがありませんでした。初めて信徒の方の魂を神のもとへとお送りする葬儀の緊張感は、自分の魂が削り取られるような思いがしました。

主任牧師になった時の大きな勘違い

地域教会の牧師になって、いくつもの失敗を経験しました。若者にはカジュアルさが受けることから、服装も話し方もカジュアルなものを選んできました。スーツを着てメッセージをするよりも、Tシャツとジーパンの方が私の自然な姿でした。

しかし、きっちりときれいめなスーツを着ることの方を好まれるご婦人たちがいることを初めて知りました。話し方も品を持った話し方が求められるということも、牧師になってから知ったことです。

今でもなかなかうまくできないところが多々ありますが、年輩の方に失礼にならないように、一方で固くなりすぎないようにと、バランスの取り方に難しさを覚えています。

全世代に向けて牧師をする難しさ

主任牧師とは、百貨店デパートの支配人のような存在だと思います。一階には女性向けの貴金属売り場があり、二階は少しご年配の女性服売り場です。三階は三〇～四〇代世代の女性向けの売り場となります。そして四階に男性服が売られ、五階になってようやく若者向けの服が売られます。百貨店の支配人はこの五階の若者向けの服売り場にずっといるわけにはいきません。六階は赤ちゃん服売り場に、書店や文房具も売られています。教会の事務用品の不備に気づき、事務仕事をすることも必要なことです。七階あたりにある催事場でイベントごとに目を光らせる必要があります。また地下の食品売り場のニーズにも応える心の準備が必要でしょう。もし百貨店の支配人が、全面的に全フロアを若者向けのデパートに模様替えをするならば、各階に来ていた重要な顧客を手放すこととなってしまいます。

主任牧師に求められているのは、各フロアにいる教会員全員への魂の配慮です。若者との時間ばかり過ごすわけにはいきません。これまでの日曜日は青年たちと一緒に食事をしました。しかし、牧師は若い人とばかり話しているよねとなると、不満の声が教会内にあがっていくだろうと思います。主任牧師になってからは、これまでのように青年を重視して関わる働き方は、変えるしかないというのが実感でした。

そこで青年たちとの時間を確保しなければ、日曜日のどこにも彼らと話す時間がなくなることを危惧して、水曜日の夜に青年たちを牧師館に迎えて、祈禱会前ご飯を始めました。七時半までに牧師館に来ることができる青年のために十数人分のご飯を準備しました。今までは夜の祈禱会が牧師以外は二人がレギュラーメンバーだったところから、一五〜二〇名参加の祈禱会に変わっていきました。

チームで働く

また一方で驚くことに、主任牧師になった途端、中高生たちが自分にある距離感を持つようになりました。私が話しかけても緊張感を持っていることが分かりました。ユースパスターの頃はこちらから彼らに近寄っていくと、彼らはリラックスしてそれなりに心を開いて話してくれました。青年たちとは夜の祈禱会で交わりを持つことができても、中高生と過ごす時間が教会内のどこにもなくなりました。一緒に時間を過ごさない限り、彼らの心に届くことは難しいものです。

そこで必要を覚えたのが、チームで牧会することでした。先代牧師は三〇年近く一人きりで牧師をされてきましたし、教会は複数教職制に慣れていませんでした。牧師にもう一人人件費をかけるのであれば、開拓伝道をしようとの空気が流れている教会でした。

そこで海外からの宣教師に助けを求めました。時に宣教師は英会話クラスの教師としての扱いしかされず、不満やストレスを抱えながら奉仕をしていることがあります。しかし幸い私の学生伝道の経験から、宣教師とチームを組む時に気をつけるべきサポートの仕方や、家庭ぐるみの交わりを持つことの大切さなどを経験してきたことは、宣教師とチームを組むことに大きな助けとなりました。

また、神学生たちにも参加してもらい、牧会チームミーティングを毎週開催しました。そこでは中高生や青年の報告も聞き、一緒に祈るということをしました。そして中高生へのアプローチは完全に彼らを信頼します。中高生には関われない自分の働きを徐々にシフトしていきました。また牧会チームの一致のために、牧会スタッフリトリートを年に一度持つようにしました。

若者と生きる教会になるために、主任牧師にはチームで働く資質を磨く必要があります。また、適材適所に教会学校教師を配置するキャスティング能力を磨く必要もあります。また主任牧師になってよかったことは、役員会で青年や中高生のために必要な予算をつくることにリーダーシップを取れるようになったことです。若者伝道から一歩引きながら、若いスタッフのためのバックアップを全面的に取ることが必要です。

教会の外の助けを借りる

また、超教派の高校生伝道や、大学生伝道をしている伝道団体の助けを借りることです。中高生世代を励ます具体的なモデルから、自分も学びたいと思っていますし、また教会の奉仕者たちに今の世代に効果的で、真似のできるアプローチを見せてほしいと思っています。

牧師がすべて自教会のユースの牧会ができるわけではないことを自覚する必要があります。hi-b.aやKGKなどの超教派団体は、教会の外で教会に中高生たちを育て、必要な訓練をしてくれます。その訓練を信頼することです。またそのような超教派の場で得る信仰の友の存在は、一つの地域教会の抱える限界に大きなサポートとなります。牧会は牧師一人でしているのではなく、多くの人々の助けの中で青年たちは魂の配慮を受けて育っていくのです。

青年たちの課題

牧師になった頃、教会は若者が活躍するというよりも、「活躍してほしい」と願う役員会の要望に青年たちが困惑をしているという現状でした。青年会という対象が曖昧でした。既婚か未婚かでわける青年会には行き詰まりがあり、未婚の五〇歳近い方と一八歳の高校を卒業したばかりの青年の世代間ギャップが、青年会形成に困難をもたらしていました。

主任牧師になって取り組んだことは、青年会を変えるのではなく、婦人会に変化の提案をしたことです。婦人会という名称そのものが、既婚か未婚かという区分になっている現状では、離婚された方はどこの交わりに属せるのかという問題もありました。そして婦人会の名称変更を決定し、公募の結果「オリーブ会」に変更されました。そして希望者は誰でもオリーブ会もしくはカレブ会（男性の壮年層）に入会可能となったのです。この性別などの交わりの分け方も今後、ＳＯＧＩ（性自認）の観点から時間をかけて話し合っていく必要があると思います。さらに青年会もＳＨＥＰ会という名称に変更し、若い夫婦が青年の交わりにとどまれるようにしました。なかなか次世代のリーダーが育ちにくいなか、若い夫婦がある一定の期間、青年会をリードできるようにしたことも必要な取り組みでした。

また、いきなり年配の交わりに入りづらい若い世代の夫婦が、青年会の交わりを居場所にできるようになりました。また若い夫婦の会も有志で持たれるようになり、青年会の多様化したカタチを取ることができるようになりました。

コロナ禍によって

実はコロナ禍は、鳩ヶ谷教会の変化にとって大きな助けとなりました。私は会堂に徐々に礼拝出席者が入り切らなくなっていた礼拝を午前二部礼拝へ移行したいと思っていました。しかし「自分の知らない人がいる礼拝は嫌だ。祈れなくなる」と思う方も教会にはおられ、私の実感は二部礼拝への移行には一〇年ぐらいかかるなと考えていました。しかしコロナ禍で会堂に入る人数制限をせざるを得なくなったことにより、日曜三部礼拝を経て、現在は午前二部礼拝への移行がスムーズになりました。

そして九時からの第一礼拝は中高生たちが出席し、さらに教会学校に送りに来ているミッションスクールの保護者も出席してくれるようになりました。第一礼拝の賛美は、コンテンポラリーな賛美を選曲し、中高生科クラスの教師と高校生が奏楽の奉仕をし、一〇時半からの固定されていた礼拝奉仕者から、新しい世代の奉仕者が生まれていくようになりました。

子どもたちの礼拝の課題

しかしこれにより新しく生まれた課題は、かつて大人と子どもが一緒に礼拝をすることを大切にしてきた鳩ヶ谷教会の伝統が崩れたことです。教会学校の子ども礼拝に出る子どもたちは、そのまま親と一緒に第一礼拝を終えると帰ってしまうようになったのです。礼拝に出席する小学生の子どもに向けて作っていた礼拝クイズもなくなり、何より牧師が子どもたちに直接、聖書を語る機会を失ってしまいました。私としては、神の家族は同じ御言葉のご飯を食べるべきだという葛藤を抱えることとなりました。

そこで教会学校の先生たちに小学生向けの子ども礼拝の説教箇所を、牧師が礼拝で語った説教の箇所と同じ箇所から説教をしてほしいとお願いしました。これまで市販されている教案誌を用いることに慣れている先生方には、当然、戸惑いが生まれました。CS教師たちはある週の牧師の説教を聞いて、翌々週には同じ箇所から説教をするための準備をしてもらう。私は説教原稿を完全原稿でCS教師にメール配信し、CS教師は自分なりに聖書を読み、また子どものことを考え説教黙想をし、また牧師が教会で語った説教原稿を参考にし、説教を準備し、語る。二週間という時差はありながらも同じ聖書の言葉からのメッセージを教会全体で味わうことに現在、取り組んでいます。

幸い、「牧師のメッセージの聞き方が変わった」とか、「牧師の説教準備の苦労も分かる」や、「全く違うイメージが与えられ、より子どもたちに迫ることができるようになった」という前向きな感想をもらっています。

オンライン配信によって磨かれた説教

またコロナ禍で、礼拝のオンライン配信が始まりました。これまで「説教は教会のものだ」という確信めいたものがあり、むしろ説教の動画配信などはすべきではないと考えていました。しかしコロナが流行り始めてすぐ、既往症をお持ちの方々のために、YouTube の礼拝配信を始めました。また緊急事態宣言時の会堂閉鎖の期間は、教会員のみの限定公開も考えたのですが、アクセスが難しい高齢者の方もおられるため、検索してすぐにたどり着ける公開配信にしました。また牧会祈禱や礼拝での報告など、個人が特定できる可能性のあるものはカットし、説教動画だけを再アップして鳩ヶ谷福音自由教会のホームページから入れるようにしました。

この効果は新来会者のほとんどが説教動画をご覧になってから、教会に来られるようになったことです。「初めまして」とお迎えしても、「ずっとYouTubeで見てました」と言われます。動画配信によって、教会が何をしていて、どんなことが語られているのか、礼拝とはどのようなものなのかが外から見えるようになりました。クリスチャンで引っ越し後教会を探しておられる方も、YouTubeをきっかけに鳩ヶ谷にたどり着かれる方がほとんどです。

今では礼拝動画を配信しないと、何か自信のない教会なのだろうかという思いを持たれる時代に入ったように思います。現在、鳩ヶ谷福音自由教会のYouTubeチャンネルは一七〇〇名ぐらいの登録者がおられ、オンタイムの配信礼拝に参加されている方は四〇名ぐらいです。また毎週の説教動画は七〇〇～八〇〇回以上再生されます。ネット上で教会のトラクト配布をしているように思います。

何より説教のウェブ公開は、自分自身の説教の言葉が、ノンクリスチャンの方に分かる言葉だろうかという緊張感や、より多くの目にさらされることで、いい加減な準備のまま語る誘惑から守ってくれています。体感ですが、オンライン配信を始めてからの説教の方が説教のクオリティは上がったと思います。

若者と生きる教会とは、変わりやすい教会でいること

イエス様は神の子でありながら、人となることを恐れずにこの地上に来てくださいました。神と人との間の隔ての壁を突き抜けてくださいました。また既存のスタイルを突き抜けて、人々の必要に向かってまっすぐに福音を語り込んでくださいました。弟子たちは同じく全世界に向けて、御霊に導かれて異邦人を含み込んだ多文化共生の教会を建て上げていきました。宗教改革もそうでした。教会が既存のあり方を突き抜けていきました。そのためには新しい世代を生きる若者たちの力が必要です。

歴史的にキリスト教会はいつの時代も新しく変化することにしなやかでした。イエス様ご自身も旧約律法に忠実に、安息日を守られました。そしてかつての旧約律法で示されたものは、たとえば神殿の祭儀律法などは廃棄されながらも、キリストのもたらす新しい時代のやり方で上書きされていきました。キリスト教会にとって、大切にすべき姿勢は古い伝統と新しい時代の融合を作り出すことです。

イザヤ書43章19節「見よ、新しいことをわたしは行う。今や、それは芽生えている。あなたたちはそれを悟らないのか。わたしは荒れ野に道を敷き／砂漠に大河を流れさせる」。

目が見たこともないこと、耳が聞いたことのないことで、心に浮かんだこともないものを、神様は私たちに備えてくださっているのであれば、従来のものを大切にしながら、時代を突

き抜ける新しさに悟りを得たいと願っています。

聖霊なる神は多様性を受容される神です。世界中のキリスト教会に目を向けると、これが最も聖書的な教会のあり様だということはできません。私が神学生の時に、神学校の校長から「私たちは終末にキリストとお会いした時に、もしかすると自分たちの教派のやり方が間違っていると言われることを留保しておかなければならない。しかしそれでもなお、信じたところを歩み続けるより他ない」と言われました。なんと謙遜な言葉だろうかと思いました。「これが正しい」と言えるものは、聖書以外にはありません。聖書の解釈もまた時代によって移り変わってきました。聖書が記された時代にも、聖霊なる神ご自身はその時代の人々に伝わるように、経済的な言葉や、裁判で使う法廷用語、コロシアムをイメージする運動の言葉が使われてきました。それはその時代に届くための創意工夫がありました。そして現代に求められる「若者と生きる教会」でも、トライアンドエラーを繰り返したいと思います。

おわりに

「こうすれば成功するというような若者伝道などない」と前の著作でも書きました。牧師になってからも改めてそう思います。説教もそうです。説教する私も歳を重ね、説教の語り口も変わってきたように思います。しかし、いつまでも次世代に届く言葉を磨き続けたいと思います。フォーマルなスタイルが好きな方々にも届く品の良さを維持しながら、なお、この時代に届く教会を、教会の兄弟姉妹と共に建て上げていきたいと思います。

そして今改めて確信していることは、若者がいきいきと活躍する教会は、間違いなく高齢者もいきいきとしている教会となるということです。実際、私たちの教会は高齢者の方々が実にいきいきと奉仕をし、また祈りと御言葉の奉仕に励んでおられます。その姿が若い世代に影響を与えます。

牧師になって今、一番喜びを感じるのは、礼拝中に赤ちゃんの大きな声で泣く声が響くことです。教会に子どもたちが走り回っている姿を見ると、「ああ牧師になってよかった」と心からそう思います。全世代が神の家族として礼拝できる教会になるために、どこまでも変わりやすい、しなやかな「若者と生きる教会」となっていきたいと思います。

あとがき

およそ一〇年前の自分と対話するように、『若者と生きる教会』『若者に届く説教』の増補改訂版の初校を読みました。五年前に地域教会の牧師をするようになって、一〇歳若い自分の原稿から、率直に教えられることが多々ありました。一〇年前に講演の講師として招いてくださった牧師たちは、私よりもはるかに先輩の方々でした。しかし学生伝道の現場にいる私から学ぼうとしてくださった姿勢は、今も振り返ると感謝と尊敬を抱きます。そしてこの本を多くの教会で用いていただき、読書会をしながらなんとかして次世代を育て、次世代の若者と生きようとする教会との出会いが与えられたことは大きな感謝です。

増補改訂版を出すのにあたって、私を鳩ヶ谷福音自由教会の牧師として招いてくださった教会の皆さんに心から感謝を伝えたいと思います。至らない牧師を迎え、また一緒に教会を建て上げることに取り組んでくださる教会の献身と祈りがなければ、新しくこの本が生まれることはありませんでした。

また教文館の髙木誠一さんに心から感謝しています。『若者と生きる教会』の出版によって、いわゆるメインラインと呼ばれる教会からお声をかけていただけるようになりました。今回の出版によって、再び長く教会に用いられる本となることを願っています。

最後に妻と子どもたちに感謝を伝えたいと思います。多くの来客を迎えながらもなお、一緒に楽しみ、喜んで学生伝道をしてくれたことによって、この本が生まれることとなりました。心からの感謝を家族に伝えたいと思います。

大嶋重徳

《著者紹介》

大嶋重徳（おおしま・しげのり）

1974年、京都府福知山市生まれ。京都教育大学、神戸改革派神学校で学ぶ。キリスト者学生会（KGK）総主事を経て、現在、鳩ヶ谷福音自由教会牧師。

著書　『おかんとボクの信仰継承』（2013年）、『朝夕に祈る主の祈り――30日間のリトリート』（2017年）、『10代から始めるキリスト教教理』（2022年）（以上、いのちのことば社）、『クリスマスの約束――ルカ福音書による37の黙想』（2019年）、『改訂新版　自由への指針――今を生きるキリスト者の倫理と十戒』（2023年）（以上、教文館）、『教えてパスターズ!!』（共著、キリスト新聞社、2018年）ほか多数。

若者と生きる教会・若者に届く説教

2024年9月10日　初版発行

著　者　大嶋重徳

発行者　渡部　満

発行所　株式会社　教文館

〒104-0061 東京都中央区銀座4-5-1 電話 03(3561)5549 FAX 03(5250)5107

URL　http://www.kyobunkwan.co.jp/publishing/

印刷所　モリモト印刷株式会社

配給元　日キ販　〒162-0814　東京都新宿区新小川町9-1

電話 03(3260)5670　FAX 03(3260)5637

ISBN978-4-7642-6181-5　Printed in Japan

資　料

若者の教会に対する意識調査

アンケートの概要

アンケートの対象

・10代から30代の若者（有効回答数308通）

アンケートの実施日時・場所

・日本キリスト改革派教会青年修養会（実施日：2001年 5月）
・キリスト者学生会クリスチャンサマーキャンプ（実施日：2001年 8月）
・ゴスペルクワイヤ JMC（実施日：2001年7月、12月）
・関西学院大学学生（実施日：2001年10月）
・路上アンケート（実施日：2001年 8月）

アンケートの内容

Q1. あなたはクリスチャンですか？

・クリスチャンである――44％
・クリスチャンでない――56％

Q2. あなたは教会に行ったことがありますか？

・毎週行っている――43％
・ときどき行く――8％
・何度か行ったことがある――21％
・かつて行っていたが、今は行っていない――7％
・行ったことがない――21％

Q3.（Q2で「行ったことがない」と答えた人への質問）**教会に関心はありますか？**

・ある――9％
・少しある――36％
・ほとんどない――41％
・全くない――14％

Q4. あなたが教会に行ったきっかけは何ですか？

・聖書に興味を持ったから――4％
・ゴスペル・賛美の意味を知りたいと思ったから――11％
・親がクリスチャンで一緒に行ったから――40％
・宗教に興味があったから――3％
・子どもの頃、教会学校に誘われたから――14％
・クリスチャンの友人に誘われたから――10％
・悩みを持っていたから――4％
・人生の真理を追究するため――3％
・その他――11％

Q5.（Q1で「クリスチャンでない」と答えた人への質問）**あなたが教会に行く理由は何ですか？**

・なんとなく習慣的に――15％
・親がクリスチャンだから――5％
・聖書をもっとよく知りたいから――6％
・人生の拠り所を求めて――6％
・仲の良い友だちに会えるから――1％
・真理を追究するため――4％
・ご利益に与れるから――0％
・心に安らぎを得られるから――19％
・神を礼拝できるから――44％

Q6.（Q2で「かつて〔教会に〕行っていたが、今は行っていない」と答えた人への質問）**あなたが教会に行かなくなった理由は何ですか？**

・説教が分かりにくいから——18％
・同じ年代の若者がいないから——5％
・行ってもメリットがないから——39％
・真理がキリスト教にはないと思ったから——1％
・世の中の方が教会よりも楽しいことがたくさんあるから——8％
・礼拝の開始時間が早いから——12％
・教会には自分の居場所がないから——8％
・教会の献金の使われ方に疑問があるから——3％
・教会の人間関係がわずらわしくなったから——3％
・その他——3％

Q7. 若者が教会に行かない理由は何だと思いますか？（複数回答）

・キリスト教は周囲との摩擦が生じるから——7％
・キリスト教は外国の宗教だから——3％
・宗教に興味がないから——22％
・真理はキリスト教にはないと思うから——2％
・説教が分かりにくいから——10％
・雰囲気が暗く、なじめないから——6％
・自分と同じ年代の若者がいないから——10％
・行ってもメリットがないから——6％
・世の中の方が教会よりも楽しいことがたくさんあるから——14％
・礼拝の始まる時間が早いから——5％
・教会の人間関係に問題があるから——1％
・若者に教会との接点がなく、情報がないから——15％

Q8. 教会に対してどんなイメージを持っていますか？（複数回答）

・暗い――6％
・堅苦しい――18％
・明るい――7％
・楽しい――9％
・清らか――21％
・恐い――2％
・荘厳――19％
・やさしい――16％
・危ない――2％

Q9. 理想の教会とはどんな教会ですか？（2 問回答）
・人生における真理を示してくれる教会――20％
・若者の居場所がある教会――10％
・親身になって相談に乗ってくれる人がいる教会――15％
・世代を越えたアットホームな教会――23％
・福祉・教育などに関心を持ち、社会に貢献できる教会――12％
・自分を大切にしてくれる教会――6％
・若者の変化や多様性を受け入れることのできる教会――14％

Q10. 若者が教会に行こうと思うために教会は何をすべきだと思いますか？（3 問回答）
・若者の言うことにもっと耳を傾ける――11％
・若者の文化にとらわれず、伝統とスタイルを堅持し続ける――2％
・説教を若者向けに分かりやすくする――19％
・若者のニーズに合った歌詞、メロディの賛美歌を歌う――12％
・教会の活動にクオリティの高さを追究する――5％
・礼拝の開始時間を変更する――3％
・若者を対象にしたイベントを行う――12％
・若者が自由に使用できる居場所をつくる――11％
・若者が活躍できるように励まし、支えてくれる人がいる――18％

・フリースクールなど、若者を対象にした地域に貢献する活動をする
——7%

Q11. 年代層を教えてください。

・0～15歳——0%
・16～18歳——7%
・19～22歳——64%
・23～25歳——9%
・26～30歳——12%
・30歳以上——8%

Q10 のクロス集計

1. クリスチャンホーム出身の若者が教会に行くにはどうすればよいでしょうか？
・若者の言うことにもっと耳を傾ける——11%
・若者の文化にとらわれず、伝統とスタイルを堅持し続ける——1%
・説教を若者向けに分かりやすくする——20%
・若者のニーズに合った歌詞、メロディの賛美歌を歌う——14%
・教会の活動にクオリティの高さを追究する——5%
・礼拝の開始時間を変更する——1%
・若者を対象にしたイベントを行う——13%
・若者が自由に使用できる居場所をつくる——9%
・若者が活躍できるように励まし、支えてくれる人がいる——21%
・フリースクールなど、若者を対象にした地域に貢献する活動をする
——5%

2. 教会未経験者が教会に行くにはどうすればよいでしょうか？
・若者の言うことにもっと耳を傾ける——11%
・若者の文化にとらわれず、伝統とスタイルを堅持し続ける——3%
・説教を若者向けに分かりやすくする——11%

資料　若者の教会に対する意識調査

・若者のニーズに合った歌詞、メロディの賛美歌を歌う――11％
・教会の活動にクオリティの高さを追究する――7％
・礼拝の開始時間を変更する――2％
・若者を対象にしたイベントを行う――19％
・若者が自由に使用できる居場所をつくる――13％
・若者が活躍できるように励まし、支えてくれる人がいる――11％
・フリースクールなど、若者を対象にした地域に貢献する活動をする――12％

Q12. あなたの理想の教会を自由に記してください。

ノンクリスチャンの意見

・心から打ち解け合える友人や仲間が集まっているところなら行きたいと思います。
・「神様」「キリスト」を求める気持ちを持っていることに対して、ゆっくりと対応してくれるところ。
・ノンクリスチャンでもにこやかに交わりを持ってくれる教会。賛美の楽しい教会。
・もっと音楽を取り入れたらいいと思います。ブラックゴスペルは聞きに行きたい。
・クリスチャンじゃないといけない雰囲気がある。すべての人に開かれた教会であってほしい。
・聖書の話が面白くて、ゴスペルを歌える教会。
・説教がクリスチャン以外の人のことを考えてくれると行きやすいです。
・宗教臭いところには行きたくないです。遊びに行ける感覚の教会。
・キリスト教の偏見を取り除いてくれるところ。やっぱり行き続けるには、牧師先生や教会の人の魅力がとても大きいと思います。若者が興味を持つやり方でキリストを伝道してください。
・歌はめっちゃ格好いいゴスペルを歌っている。お年寄りも若い子もいる教会。

・心に引きつけられる話を具体的に聖書と照らし合わせて話していただきたい。「〜しなければならない」という心理的な縛りを感じさせないで話を聞きたい。
・外観のきれいな教会には入ってみようかなと思う。
・賛美歌やハンドベルなど音楽の催しが多いところ。
・荘厳な雰囲気で、安らぎが得られそうな教会。
・日本は無宗教なのでこれからも教会に若者が集まることはないと思う。しかし、そこにいる人が魅力的ならば、行っても良いと思う。
・気軽に行ける雰囲気でキリスト教と関係していながらもさまざまな話をしてもらいたい。月に一度でも、地域の人と触れ合えるようなイベントをやってほしい。
・パーティのような皆が楽しく集えるような場なら行ってみたい。
・教会が世の人々に迎合しているならばいらない。キリスト教徒はうまくやっていければそれでいいと思っているように思う。
・世俗と乖離していない教会。信仰心以外の理由で行ける場所であればよい。
・教会での過ごし方を分かりやすく教えてくれる教会。
・地域に開放的でどんなことをやっているか知らせている教会。
・地域との結びつきが強く、地域住民たちといろいろな企画をしているような積極的で明るい教会。
・明るく楽しそうな教会。厳かな雰囲気は入りにくい。
・若い世代だけの時間を設けていて、堅苦しくない感じの教会。
・人生におけるアドバイスをしてくれる人がいて、一人ひとりに親しく接してくれる教会があれば行ってみたい。
・同年代の人がたくさんいる教会。
・教会が社会との調和を保つこと。キリスト教の本質を若者に提示する機会を持っていけばよい。
・いきなり教会に行って難しい説教を聞かされるよりも、ゴスペルとか賛美歌とかを聞いて、教会のとっつきにくい感じを払拭させてくれる教会がいいです。

資料　若者の教会に対する意識調査

・もっと若者に情報を発信すべき。教会についての情報をもっと欲しい。
・形式を押し付けない教会。自由に使用できる開かれた教会。もっと建物が開放的だと入りやすいです。
・尊敬できる人がいる、本物の仲間のいる教会。
・家の近くにある教会から何の情報もない。さらに誰がいるのかよく分からない。
・無料のお菓子教室があって、でき上がったものを食べながら、キリスト教の良さが分かる説教の聞けるイベントのある教会。
・分かりやすい説教が一番。分からない世界の話を聞いているような気がする。
・礼拝の時、一つのお話だけでなく、聖書の内容に関して討論し合って個人の考え方を話させる雰囲気のある教会なら友だちと行ってみたいです。
・社会に貢献しているのが分かる教会。お金にきれいな教会。
・教会の堅苦しい雰囲気を取り除く。最初から神を信じて当たり前モードで話をしない。癒しの空気のある教会。
・見るからに100％宗教という雰囲気をなくす。
・きれいなステンドグラスのある教会。
・お話が分かりやすく若者の今の悩みにフィットしている。
・ボランティア活動をする教会。
・ゴスペル教室をやっているところ。
・教会の中で何をやっているか、礼拝の内容が何かが分かる教会。
・皆が交流できるイベントを多くやっているところ。
・キリスト教だけがすごいという話をし、他の宗教をおとしめるような言い方をする牧師さんにはうんざりです。

クリスチャンの意見
・雰囲気が明るい。
・ゆとりのある教会。来会者を大切にする教会。互いの思いを素直に

表現できる教会。
・家族のような和気あいあいとした教会。
・心が落ち着ける教会。感情だけで盛り上がるのはちょっと嫌。
・友だちを連れて行った時に信仰を語ってくれる人がいる教会。
・仕事と両立できる教会。奉仕が忙しくない。
・心から神様をほめたたえる教会。説教が分かりやすい教会。
・求道者を積極的に受け入れる。ノンクリスチャンに分からない単語を使わない。しつこくない。オープンな交わりである。
・説教が自分たちの生活に当てはめられるような分かりやすさがあること。若者のいる教会。
・同世代の人がいてほしい。若者向けの学び（結婚とか）があると良い。
・メッセージ内容が聖書に即しており、分かりやすい。賛美歌以外の歌も歌う。アットホーム。
・多様な人を受け入れてくれる教会。
・若者が大勢いて楽しそうな教会〔若者が多い教会は他にも８件〕。
・言葉の通じる教会。未信者の友人に教会用語を使用しない人の多くいるところ。
・久しぶりに来た人や初めて来た人をあたたかく迎え入れられる教会。
・祈りのある教会。賛美もいろいろな歌を自由に歌える教会。一人ひとりの意見などに耳を傾ける教会。
・若い人の多い教会。信仰的・人格的自立を促す教会。礼儀を大切にする教会。
・若者に抽象的な指示ではなく、具体的な指示を与えることができる教会。
・牧師、信徒が世の中で活躍している教会。宗教臭い教会でないこと。
・ワーシップソングを歌い、メッセージを熱く分かりやすく語ってくれるところ。人が救われることを一番大切にしている教会。人の救いのためによく祈る教会。
・世の中の価値観と異なる教会。

資料　若者の教会に対する意識調査

・賛美のあふれる教会。
・ゴスペルなどを教えてくれる教会。
・個性的なスタイルを礼拝に取り入れているところ。例えば、スキット、ダンスなどを礼拝賛美に取り入れているところ。賛美の熱い教会。
・神様についての話が自然にできる。自分の弱さを吐き出せる場所。
・メッセージが自分の日常生活と重ね合わせることができる牧師。そんな人があまりにも少ない。
・自分の居場所があり、自分を出せる教会〔居場所は他にも 5 件〕。
・些細な悩みも打ち明けられる教会。
・若い年代が多い教会。見習いたいような夫婦、家族がいる。牧師の説教が心に響く。
・若い年代に関心を持ち続けている教会。
・ゴスペルソングを多く取り入れてほしい。若者の居場所（スペース）が欲しい。
・牧師と信徒の仲が良い教会。仲が悪いと居心地が悪く、すぐに分かる。
・ゴスペルなど賛美を元気に歌っている教会。今行っている教会の牧師の聖書の話があまりにも分かりにくい。牧師のマニアックな話のような気がする。賛美をもっと新しいものに変えろ！
・私の行っている教会は礼拝がきっちりとしていて周りの人から堅苦しく思われていて残念です。理想の教会はゴスペルなどが流れていて、説教でとっつきやすい話をしてくれる教会です。
・若者向けの行事のあるところ。賛美に活気のある教会。
・新しく来る人を本気で迎えようとしている教会。「受け入れてくれている」感を感じさせてくれる教会。一人だけそういう人がいるのであっても、教会全体の空気感として伝わる必要がある。
・自分の興味のある分級などがあって、恋愛や進路などについて一緒に考えるクラスなどがある教会があればいいな。若者向けのキャンプも良い。

・御言葉中心の教会。
・「最近の若者は……」というおじさんのいない教会。社会的、特に地域に貢献している教会。
・地域の人を誘えるイベントのある教会。定期的に地域に働きかけをしている教会。
・御言葉に基づき、真理を提示する。若者が活躍できる環境を提供する。
・みんなが歓迎してくれる教会。近寄りがたい牧師のいない教会。賛美が多い教会。

付録
若者の抱える悩みに寄り添いながら
説教の周辺を歩く

はじめに

若者に福音を届けるために、彼らのうちにある悩みの傍らを歩くことが大切です。その悩みにどのように応え、祈り、言葉をかけていくのかが若者に寄り添う者には求められます。

エマオ途上を歩かれたキリストの道行きのように、若者たちの悩みに一緒に歩いていきたいと思います。ここでは若者たちから寄せられた悩みに私がどのように応えてきたかの実践を記します。彼らの中にある悩みと、そこに福音を語ることへの一つの試みです。ご自分の言葉とは違うかもしれませんが、ヒントになればと願います。

1　人付き合いが苦手

人付き合いが下手です。今度、進学で一人暮らしを始めます。ホッとする反面、自分は新しい生活での人間関係を築けるのか、また新しい教会にもなじめるのか不安です。

誰かと一緒に生きることは簡単なことではありません。誰かにひどく傷つけられることがあります。自分が誰かを傷つけてしまうこともあります。私も一人きりでいたいと思ったことが何度もあります。小学校の頃に受けたいじめの経験を思うと、人付き合いなんて、そこそこでいいやと何度も思いました。心を許せる人間関係を築くことは、人には本当に難しいことです。

では、そんな煩わしいことはやめて、一人で生きていってはいけないのでしょうか？

そうですね。煩わしい人間関係なんか抜きにして、生きていけたら楽ですよね。しかし、現実にはどんなに避けようとしても、逃げようとしても、私たちが生きている場所に誰かがいます。では、何のために神様は人間を造ったのでしょうか。

神様は人間を造るときに、「我々にかたどり、我々に似せて、人を造ろう」（創 1:26）と言われました。「あれっ？」と思いませんか。ここで神様が「我々」と表現されているのです。この「我々」は神様の偉大さを現す「尊称の複数」とも言われます。しかし、聖書全体から読み取れる神様のご性質から、この「我々」を三位一体の神様の交わりとしてキリスト教会では読み取ってきました。神様は人間を造るときに、一人きりで寂しくて人間を造られたのでも、退屈でしょうがなくて人間を造られたのでもありません。

神様は永遠において、父なる神、子なるキリスト、聖霊なる神の三位一体の神の交わりを持っておられたのです。この神様の「かたち」に似せられたからこそ、人間の造られた目的の第一のことは「神と交わりを持つ」ということです。そして第二のことは、神様が交わりを持っておられるからこそ、人間にも「人が独りでいるのは良くない」と言われました。そして「産めよ、増えよ、地に満ちよ」と、神様を信じる夫婦が生まれ、やがて家族から親戚へと、さらに村ができ町ができ、神を信じる神の国が生み出されるために人間は造られたのです。人間は神様に似せられて、誰かと生きるように造られたのです。

でも、そんな神様の交わりのような人間関係はどこにもありません。

そうです。私もいじめられた経験や失恋した経験から、人間関係を築くのが怖くなりました。しかしそんな私が今、それでも誰かと生きていこうと思えた理由が一つだけあります。イエス・キリストが、「あなたの友になりたい」と言ってくれたことです。人付き合いが苦

手な私を知ってもなお、イエス様は、私の友となってくれました。そんな出会いが、この地上に一つだけあったのです。そこがすべての始まりでした。

そしてそんなイエス様のもとに引き寄せられてきた人たちが集まっている場所があります。教会です。イエス様は、生きる意味と目的を見失った私たちに、「我々」という場所をもう一度与えてくださいました。教会こそ痛みや悲しみ、喜びや感動を一緒に味わう「神の家族」です。

しかし教会でも時折「神様を信じてるのになぜ？」と、思ってしまう出来事があります。それでも教会には聖書があります。聖書の言葉は、今日も諦めずに私たちキリスト者に「我々」の意味を教えてくれるのです。

だから今、私はもう一度、誰かと生きてみようと思っています。イエス様がこんな自分と生きようと思ってくれたのですから。だから今度は、誰かの側に寄り添ってみようとも思うのです。あなたも誰かと生きることが苦しくなったら、いつもいつもイエス様の側に戻ってきてください。私たちはいつでも神の「我々」の愛に包まれるところに戻ってくればいいのです。

2　好きな人ができました

好きな人ができました。同じ教会の人です。ふといつも彼のことを目で追いかけてしまいます。教会で「こんなことを考えちゃいけない」と思ったりしますし、「好き」という感情をどうしたらいいのか分かりません。

好きな人ができたなんて、本当に良かったですね。しかもその相手が教会の中にいたなんて、素晴らしいことじゃないですか。

キリスト教会は決して、恋愛や性のテーマにオクテなのではありま

せん。聖書はそのオープニングの創世記から、アダムとエバの出会いで始まります。誰かのことを好きになること、それは神様から与えられた大切な感情です。

これからどうしたらいいでしょうか？　告白すべきでしょうか？

まず大切なことは、クリスチャンの友人や先輩、牧師に祈ってもらうことです。私の妻は、私とのお付き合いを始める時にも、たくさんの信仰の先輩や友人に祈ってもらっていました。私と彼女はそれぞれ違う教会に行っていたのですが、初めて彼女の教会に行った時には「祈ってました！」という人たちがたくさんいて、随分驚きました(笑)。あなたにもこのような祈りの友の存在が必要です。

また自分でも、今の自分の気持ちを正直に、神様の前でお祈りしてください。「神様、あの人のことが好きです」「今日、少し教会で話せてうれしかったです」と。その祈りの時は、やがてお付き合いが始まる時が来たとしても、神様の前で隠すことがない正直なお付き合いへとつながっていくでしょう。

失恋してしまったら、どうしたらいいでしょうか？

失恋はつらいことですが、若い時に、きちんと失恋をすることも大切なことです。きちんと失恋するというのは、自分の愛の足りなさを知ることです。そしてそれは「神様、私に愛を教えてください」と、聖書から神様に愛について教えられていく機会でもあります。失恋をきっかけに、聖書の愛で誰かを愛することを教わり、少しずつ少しずつ、愛することのできる人へと変えられていくのです。

もし聖書から愛を教わらないまま恋愛を繰り返すだけなら、同じように人を傷つけ、あるいは傷つけられる恋愛を重ねることとなるでしょう。

恋愛にはどんな準備が必要ですか？

神様はアダムがエバに出会う前、「人が独りでいるのは良くない」

と言われました。しかしそれにもかかわらず、エバはすぐに造られませんでした。まず、アダムの前にはたくさんの動物が連れてこられました。そこでアダムは「ここには自分に合う助ける者がいない」という孤独を経験したのです。

ここにアダムの独身時代があります。私たちは結婚相手に出会う前に、まず、神と被造物の前で、孤独に一人で立つことが求められるのです。つまり信仰の自立です。

とはいえ、独身時代は「私は一人で生きていける」と誤解する時でもありません。私たちが神様の前に一人で立つ時、私たちは徹底的に自分の欠けや弱さを知らされていくこととなります。その時、神様が「『人が独りでいるのは良くない』とおっしゃったことは本当だった。私には神様のくださる助ける者が必要なのだ」と、神さまの言葉に深くうなずき、神様の備えてくださる「自分に合うふさわしい助け手」を祈り求めるようになるのです。

またアダムはエバと出会う前に、深い眠りを与えられました。眠るとは自分の計画や、やりたいことを手放すことです。眠っているときには食事をすることも、外に出かけることもできません。自分の握りしめている結婚観や、自分好みの理想像を手放して、私たちは神様が出会わせてくださった人と、出会っていくのです。

その人との関係を、神様が導いてくださるといいですね。祈っています。

3　私は救われているのでしょうか？

私は本当に救われているのでしょうか？　二年前に洗礼を受けたのですが、ここ最近、「信仰あるなー」と思う日も確かにあるのですが、「あっ、やっぱり救われていないんじゃないかなー」と思う日があります。

ある時、私の友人が「俺な、最近7:3でクリスチャンや」と言いました。しばらくすると「ここ最近は2:8でノンクリスチャンやな」と言ったのです。つまり救われているフィーリングが70%以上あるときはクリスチャンで、救われているフィーリングが落ちてくるとクリスチャンじゃなくなっていくような気がするというわけです。この感覚はよく分かることだなあと思いませんか。クリスチャンが周りにたくさんいる時や、賛美をしてうれしい気持ちになったりすると「ああ、救われているなあ」と思ったり、聖書の説教に燃やされたり、聖書の言葉が自分にビンビン響いたりすると「クリスチャンとしてやっていくぞ！」と思ったりします。

しかし聖書の言葉が最近全然響いてこない。それどころか自分自身の揺れ動きやすい感情を見つめていると、自分が救われているのかどうか分からなくなる。あるいはこんなに罪ばかりを犯す私はやっぱりクリスチャンとしておかしいんじゃないか。これはやっぱり救われていないんじゃないか、こう思うことはよくあることです。

そして突き詰めて自分の内側も外側も見つめるならば、私たちは、到底クリスチャンとは言えない自分がここにいるのを認めざるをえないのが現実なのだと思います。しかし、救いというのは私たちのフィーリングで決まるものではないのです。

では、どうしたら救われていることが分かるのですか？

あなたが救われているのは、あなたの「救われているなあ」と思う感覚が根拠なのではありません。あなたの救われた後の行動が根拠なのでもありません。聖書には「聖霊によらなければだれも『イエスを主である』とは言えないのです」とあるように、あなたがイエス・キリストを救い主として信仰を告白したのも、あなたの力を超えて働かれた聖霊なる神の働きによるのです。エフェソの信徒への手紙1章13節では、救いをもたらす福音を聞き、信じたときに、約束された聖霊で証印を押されたと記されています。つまりあなたがイエスを主と信じ、告白したときに、神さまの側では、10:0で「あなたは救われて

いる」と神さまの印鑑を押してくださったのです。もしあなたが自分に落ち込んで、「あの時の信仰告白は、なかったことにしてください」と言ったとしても、神さまは「あなたが救われているかどうかは、私の決めたことなんだよ」とおっしゃるのです。つまり、私たちの信仰も、私たちの信仰の確かさも、神の言葉である聖書の約束に中にあるのです。

でも信仰の浮き沈みが激しいのですが、どうしたら良いでしょうか？

大切なことは、礼拝に出続けることです。悩んだまま、分からない思いを抱えたまま、礼拝に出ることです。そこではイエス・キリストの言葉が語られ、聖餐ではイエス・キリストが差し出されます。悩んだまま、祈れない気持ちを抱えたまま、賛美の歌を歌えないまま、礼拝の場にい続けることです。キリストを信じる兄弟姉妹の間に、自分の身を置くことです。教会こそ、安心して悩むことのできる場所です。そして誰かに「最近、信仰が分からなくなりました」と言い、その人に祈ってもらうのです。祈れない時は、主の祈りを小さく口ずさみましょう。そうする時に、少しずつですが、確かに神さまの招きの中に置かれていることが分かってくるのです。そして、いつの日か、でも必ず小さな賛美の歌が少しずつ内側から出てくるようになるのです。

4　進路選択ってどうやってするものなんですか？

高校２年生です。親から早く進路を決めなさいと言われます。そもそもクリスチャンって、進路の選択ってどうするものなのでしょうか？

進路を選択するときに、よく考えることは「神様の御心は何だろうか」ということですよね。しかし「御心」という言葉は、時に怖い言

葉の一つにもなります。誰かから「それって御心じゃないんじゃない？」と言われるとドキッとしたり、また「神様、御心を教えてください」と聖書を読みながらも、どこかで自分の背中を押してくれるミコトバ探しをしている自分に気がつくと、「これってミココロというよりも、自分のオココロなんじゃないか」とハッとしたりすることもあるでしょう。時々「私、御心の人と出会いました」と相談を受けることがありますが、しばらくすると「御心の人じゃありませんでした……」となることもあります。神様の御心ってコロコロ変わるのでしょうか？　神様の御心というものはどうしたら分かるのでしょうか？

また「御心」が分かるには「心の平安があるかどうかによって分かる」と言われることがあります。私たちはどこかで、「御心は示されたら、それは従いやすい選択なはずだ」という誤った理解があると思います。でも示された御心があなたの一番選びたくない選択肢だったりしたら、どうするのでしょうか。あのイエス様の十字架には血の汗が流されるほどの葛藤があったことを忘れてはいけません。問われているのは、今、あなたが神様に従える成熟した信仰があるかどうかということです。

では進路選択をする上で、神様の御心って、どのように分かるものなのでしょうか。英語の聖書では、御心という言葉はWILLと表現されて、「神の意志」という意味です。では神の意志はどのように聖書に表現されているのでしょうか。さあ、ここで質問です。神の御心のお昼ご飯はあると思いますか？　聖書を斜めに読むと、「うどん」と読めたから「うどん」というわけにはいきません。聖書は、占いの本ではなく、神様のものの見方が記されている本です。大切なことは聖書を読むことを通して、私たちのものの見方が神様のものの見方に少しずつ少しずつ近づいていき、その中で精一杯悩み、祈り、主にある交わりに相談をしながら、私たちは霊的に大人になっていきます。「誰かがこう言っている」と人のせいにすることなく、自らが大人として、神様の願われる決断をしていくのです。その意味では、お昼ご飯は、何を選んで食べても自由なのです。

聖書を読みながら、悩むことも大切なことなんですね。

私は学生時代に、中学校の教員になるか、神学校に進んで伝道者になるかということを深く悩みました。その時に教えられたのは、「右に行くか左に行くかが重要なのではない。誰といるかが重要なのだ。今自分はイエス・キリストと一緒にいるのか？」ということでした。確かにイエス・キリストと共にいる学校の教師もいますし、怖い話ですがイエス・キリストと共にいない牧師ということも起こり得るわけです。大切なことは、自分が今、イエス・キリストと共にいる大学生をやっているのか、ということが問われていたのです。

神の御心は遠い将来を見通すようなサーチライトの光で、私たちの前を照らしてくれるのではなく、「私の足の灯」と記されているように、私たちの一歩前の暗闇を照らしてくれる光なのです。一歩、一歩、聖書を読み、祈りながら、確かに主に導かれて歩んでいくのです。そして信仰を持って、進むべき路を選択していくのです。

5　政治ってどう考えるの？

18歳です。選挙に行くつもりです。でも「クリスチャンは政治的には中立でいなきゃいけない」と聞いたことがあるのですが……。

「キリスト教会は、政治的には中立であるべきだ」「牧師は、政治的な発言を控えるべきだ」確かにそういう立場の方もおられますよね。しかしもし政治の分野（どこから政治なのかという議論も丁寧にする必要はありますが）に声を上げることがあるとしたら、私たちの信仰の「イエスが主」と告白することが揺るがされ、いのちと平和が危ぶまれる事態が起きた時でしょう。もしそのような事態が起こった時には、「中立」が「何」と「何」の中立なのかを冷静に見つめる必要が

あるでしょう。時代によって「中立」は位置を変えるものだからです。

「そんな心配していることなんて起こらないよ」と言う人もいますが、最近の政治には不安を感じています。

しかし、戦前戦中の日本のキリスト教会は、「そんなことは起こらない」と言う政府の声や、キリスト教会内部のリーダーたちの声に呑み込まれ、結局、礼拝前に皇居に向かって宮城遥拝をし、アジアの諸教会に「神社参拝は文化儀礼であって、偶像礼拝ではない」という書翰を送った歴史があります。この事実は日本の教会の自虐史観でも修正すべき歴史の記述でもなく、日本のキリスト者たちが悔い改めなければならない歴史の事実です。その悔い改めから学んだことは、政治的な領域で国家権力が介入してきた時、キリスト者の言葉は、信仰的な言葉であっても政治的な色彩を帯びることとなるのです。現在提出されている自民党改憲案の憲法20条は「社会的儀礼又は習俗的行為の範囲を超え」ない限り「信教の自由」があるとされています。問題は誰が「社会的儀礼」を認め、「習俗的行為の範囲」を定めるのかという点です。考えられることは、やがて修学旅行に靖国神社参拝が含み込まれ、子どもたちは「これは社会的儀礼だから、安心して参拝しなさい」と言われることになるし、またクリスチャンの学校の先生もそう言わないといけない日が来ることになるでしょう。2018年から始まる道徳の教科化では、「それはできません」と言うと、成績として評価されてしまうことになります。21条の「集会、結社及び言論、出版の自由」も同じことが言えます。まさにキリスト教会が「イエスを主」と告白することとの衝突が起こっているのであり、政教分離の原則に国家権力が踏み込む可能性を大いにはらんでいるものです。

しかし、日本の数少ないキリスト者と教会に、何ができるでしょうか？

確かにあまりにも大きな権力とスピードを前にして、何の力にもならない私たちキリスト者かもしれません。しかし、世界を変えたのは、

いつの時代も少数者たちのあげる声によってでした。私たちもこの時代に沈黙をしているならば、やがて孫たちから「あの時代におじいちゃんは何をしてたの？」と言われる時を迎えるでしょう。しかし、私たちはどれだけ小さくとも「おじいちゃんはな、あの時代でも信仰告白の闘いをしたんだよ」と、信仰を告白した歴史の爪痕を残したいのです。

若い世代の皆さんには、世界中の同じ世代のキリスト者たちと対話を重ねてほしいと思います。一緒にご飯を食べ、友達になってほしいと思います。なぜならば、やがて終わりの日に神の家族には国籍の違いも、民族の違いもないからです。私たちがなすべきことは、終わりの日に向かって、互いに犯してきた過ちの歴史を学び、そして悔い改め、共に祈り、世界大の平和の広がりを作っていく責任を担っていくことなのです。ぜひ選挙に行ってください。

6　結婚前にセックスしちゃいけないなんて古いでしょ

結婚前に体の関係を持ったら、本当にいけないんですか。そういうのって、古くありません？

「付き合いが始まると、体の関係を持って当たり前」という時代の中で、教会の中でも、このテーマを話す機会はあまりなく、「なんとなくダメなことらしい」というタブー感だけが流れています。

しかし聖書は、この手の話題にタブーなのでも、オクテなのでもありません。創造のオープニングから「生めよ。増えよ。地を満たせ」「二人は結び合い」と男女の体の関係が出てきます。聖書でセックスのことを、どのように表現されているかご存じですか？　「知る」です。体の関係は夫婦が互いを良く知り、結び合わせられるために、神様が与えられたきよく、尊いものなのです。「あなたの若い日の妻と喜び楽しめ」と夫婦の性生活の喜びと祝福が語られ、雅歌も男女の恋

愛の豊かさが、喜びと共に描かれています。しかし、ここには「夫婦関係」においてという神様の計画があります。これは創造の神様のいじわるで、我慢大会を私たちに強いてきているんでしょうか。

でも、いろいろと経験を積まないといけないんじゃないかという気にもなります。

確かに私たちを取り囲むメディアは「いろんな体を試してからじゃないとうまくいかない」とあおってきます。しかし騙されてはいけません。いろいろと試すからうまくいかないのです。他と比べることがなければそれがすべてです。たくさん知っていればいるほど、体は覚えます。そして最愛にして結婚したいと思う女性を前にして、以前関係をもった女性と比べることが起こるのです。また逆に、自分もまた比べられているかもしれないという不安が、愛し合う二人の間に起こってくるのです。そこには夫婦の間に生まれる不信感、「これからも私だけでいてくれるんだろうか」という不安が生まれてしまうのです。神はアダムの前に「この中から好きな女性を選ぶように。右からエバ、エビ、エブ、エベ、エボ……」と複数の女性が連れてこられて、アダムも誰かと比べて「うーん、エベも捨てがたい……」とエバを選んだのではありません。まさしくたった一人の愛を注げる存在、愛を受け止める存在に出会ってほしいという神様の願いがあるのです。

結婚前に体の関係を持たないことで、良いことはなんですか？

かつて女性の先輩のクリスチャンに「結婚前に体の関係を持たなかったことの祝福は何ですか？」とお聞きすると、「もし結婚前に体の関係を持っていたら、体の関係を拒むと、この付き合いが終わるんじゃないかという不安の中でセックスするしかなかった。そして終わった後に『良かった？』と聞かれて、本当は嫌でも『良かった』と言わないと交際が終わるんじゃないかと……。でも結婚生活での性の関係はこれから築いていけばいいんだという安心感の中で持つことができた」と話してくれました。結婚前に体の関係に入るということは、会

話と言葉の関係を失っていきます。喧嘩していても体の関係を持てば、「彼は私を大切にしてくれる」と思えるし、「なんとなく分かり合えた」という気持ちになれます。しかしそこには夫婦を建て上げる会話も、「さっきはごめんね」という言葉もありません。そのままの関係で結婚生活に入ってしまい、言葉を交わすことがなくなっている夫婦が世の中にはどれだけ多くいることでしょうか。神様は体の関係の祝福以前に、もっと二人で言葉を交わし、祈り合い、お互いを「知る」という機会と経験を持つことがどれだけ夫婦関係に大切な基盤を作るのかということを、私たちに伝えたいと願っておられるのです。

7　性欲のコントロールが効きません

自分の性欲が止まりません。どんなふうに理解したらいいんですか？

私はよく「結婚の時に、神様が『性欲スイッチ』みたいなものをポンっと押してくれたら、どんなに楽なんだろうか」と思っていたことがあります。独身時代に性欲のことで、なぜ悩まないといけないんだろうか、と神様の計画について考えたことがありました。

「先生はもう結婚しているから、ボクらの気持ちが分からないんでしょ」と言われることがあります。しかし、結婚してからも夫婦の性関係を持てない時期があります。男性がよく浮気をするのは、妻が妊娠している時だと言われています。独身時代から「やりたいからやる」という生き方を続けていくならば、平気で浮気をしてしまう夫になっていってしまうことがあるのです。また女性にも性欲はあります。「くっついていたい」「ぎゅっとしてほしい」。しかしそれは男性にとってゴールではなく、スタートです。「寂しいから」「一緒にいたいから」と自分の思いに縛られる女性でいるならば、夫が仕事で家に帰ってこない時、他に夫以外の男性を求める妻に、あるいは子どもに依存

する母親になってしまうでしょう。

独身時代は、自分の性欲をコントロールする訓練の時期です。「生めよ、増えよ、地に満ちよ、地を従えよ」と創世記で語られる従えるべき「地」とは、私たちの肉体も含み込んでいるのです。たった一人の人を愛するための筋肉を独身時代にトレーニングするのです。運転がうまい人はアクセルよりもブレーキを踏むのがうまい人です。自分がどこまでスピードを出せば、止まることができないかを知っているからです。

じゃあ、どこまでならばいいんですか？

よくされる質問ですが、私は答えないことにしています。もし私が「○○までならいいよ」と言ったとしたら、○○までして、必ずその一歩先まで進みます。そして「先生がこう言ったから」となります。大切なことは、聖書の語っていることに従って、「二人で祈って決める」という大人になることです。しかしアドバイスするならば、「その真っ最中にお祈りができるのか？」ということです。祈りとは神様の前に出るということです。神様の前で、その行為はできるだろうか、と問い直してみてください。もう一つは「教会の交わりで二人の関係を話すことができるか？」ということです。「えーっ？」と言われちゃうなあと思うことはしないほうがいいでしょう。神様は私たちに「交わり」という助けも与えてくださっています。

私には「やらない同盟」という結婚まで体の関係を持たないことを約束していた友だちがいました。その友達にはなんでも相談しました。「今、やばいんだよね」と言うと、彼らがニヤニヤしながら、「神様、今、シゲはやばいです」と祈ってくれたのです。祈り合える、信頼できる同性の友人を持つことが、大切です。

でも、もうその罪を犯してしまっているのですが……。

また、すでに関係を持っているという場合、神の前で悔い改め、新しく生き直すことができるということを忘れてはいけません。私たち

の感情がたとえ、自分で自分を赦すことができなくとも、神は私たちの罪を赦すお方です。キリストの十字架を小さく見てはいけません。大切なことは、絶えずいつでも十字架の赦しの前に出続けることです。そして、「してはならない」という律法の束縛ではなく、「あえてしない」という神の祝福を選び取って生きるキリスト者にさせられていきたいと願います。

8　信じるってなに？

信じるって何ですか？「信仰を持ったら？」と言われるのですが、信じるということがよく分かりません。疑っちゃいけないんですか？

信じた後は「迷ってはいけない、疑ってもいけない」という誤った信仰理解があると思います。しかし私たちは信じた後も、疑うし、迷います。「信じる」とは、そもそも「迷う」「疑う」「分からない」を含み込んでいるのです。キリスト教信仰は「悟る」という言い方をあまりしません。「神を悟る」とは決して言いません。もし神様を悟れるならば、その神様は私たちの手の平サイズの神になってしまいます。しかし「悟る」ではなく「認識する」「理解する」でもなく、「信じる」という言葉を使う時、「分からないことがある」ということを含み込んでいるのです。

また「信じる」という言葉は、時間が関わってくる言葉です。もし私たちが駅で知らない人にいきなり「200円貸して」と言われても、貸さないと思うのです。でも私の知り合いには、喜んで200円貸してくれる人がいます。あるいは2,000円でも、20,000円でも貸してくれる人がいるはずです。今、私は妻に毎月の給料をすべて渡しているのですが、これは妻を信頼しているからです。「信じる」ということには、200円の時もあるんです。それが2,000円になり、20,000円になる。

時折「イエス様は愛だ」と語ると、すぐに「素晴らしい！　信じます」という人に出会うと「もう少し待ったらいかがですか？」と言うことがあります。自分が分かったことを信じる、でも気に入らないことがあると、すぐに信仰を持つことを止めてしまう。これは「信じる」のではなく、「気に入る」ということです。「本当かどうか分からない」「いや、信じない」「信じられない」「信じたくない」と疑い、葛藤する時間が必要なのです。信じることには時間が必要なのです。キリスト教信仰の神は迷ったり、疑ったりしてはいけない神ではありません。

ではどうやって信じるのですか？

私たちが信じるためには、信じる場所が必要です。つまり「どこで疑うのか？」ということです。教会というこの場所こそ安心して疑うことのできる場所なのです。私たちはこの教会で「神存在を疑うこと」が必要です。一人で山に上って神存在を問いただしても、その答えは見つけられないでしょう。ぜひ疑いながら、教会の交わりの中で疑問をぶつけていただきたいと思います。きちんと疑ったからこそ、きちんと信じることができます。「確信に至るために疑う」「信じるために疑う」という言葉があります。それはひとたび、確信すると本物になる、ということです。

キリスト教の神は、思想でも概念でもありません。イエス・キリストに表された人格的な神が、十字架の上から「愛しているよ」と語られるのです。この愛の告白に、私たちが「愛している」と答えるかどうかなのです。信仰を持ってからも、「疑う」こともあります。しかし「愛」は疑いを覆うのです。さらに愛とは相互の関係です。愛は一方的な関係では分かりません。「神様、あなたはいるんですか？」と祈り問いかけ、聖書を読んでいただきたいと思うのです。キリスト教は愛の信仰、祈りの信仰です。祈りと聖書の中でこそ、イエス・キリストと私たちは出会い、信仰が生まれていくのです。

9　洗礼は受けなきゃいけないんですか？

洗礼を受けなきゃいけないんですか？　洗礼を受ける理由が分からないのですが。

何より洗礼を受ける理由は、イエス様がそのように定められ、全世界で同じようにしなさいとおっしゃったからです（マタ 28:18-20）。私たちはイエス様の言葉に従って、同じようにしているのです。

洗礼とは、宅急便の受取のハンコのようなものです。神様が私たちを神の子として受け入れ、「受取」の印鑑を押してくださるのです。もちろん洗礼を受ける前から、信仰を告白した時に、神様の手元には私たちが受け取られています。しかし「確かに受け取りました」という印鑑が押される時、私たちは「確かに私は神のものとされた」と、洗礼は私たちの信仰の確かさの印となります。私たちは洗礼を受けたあとも、自分の信仰について不安になり、信仰が揺らいでくる時があります。そんな時、洗礼を思い起こすと、「ああ、私は確かに神様に受け取られている」と、自分の信仰の強いかどうか次第で救われたのではないのだ、神様ご自身が「私を受け取った」と、ハンコを押してくださったから救われているんだと、救いの確かさを得ていくことができるのです。

洗礼の時に証しを人前で言うのが嫌です。あと試問会とかも……。

確かに教会の人の前で信仰の告白や、証しをしたり、試問会を受けたりするのは緊張しますよね。なぜ私たちは洗礼式を公の場所で行わないといけないのでしょうか。実は私たちはやがて終わりの日に、キリストの花嫁になるんだと聖書は記します。そうであれば洗礼は、地上でのイエス様との婚約式と言うことができるかもしれません。つまり、「私のカレシ、イエス様なんだよね」と公に、周りの人たちに言

っていくことと同じです。しかし、もし私たちが付き合っている恋人から「俺たちが付き合っていることは、絶対に誰にも言っちゃだめだよ」と言われたとしたら、私たちの中で、ふつふつと疑惑が湧いてきます。「この人は、私と付き合っているのが恥ずかしいのか？」「えっ、もしかして二股かけようとしている？」と二股疑惑も湧いてくるでしょう。はっきりと信仰を持っているのであれば、愛してくださった神様に「あなた一人だけでいきます」と、洗礼を受け信仰を公にすることは、当然なことだと思います。

さらに、信仰を持つとは「仲間に入る」という意味もあります。つまり教会の仲間に入るということです。では、この教会の仲間は何でつながっているのでしょうか。趣味が一緒とか、気が合う人とかではありません。もしそうだとしたら、どれだけ教会には気の合わない人たちがたくさんいるでしょうか。教会の仲間になるとは、「イエスは主」という同じ信仰に立っている、この一点で仲間なのです。だからこそ試問会や、証しを通して、「私は同じ信仰を持っているのです」ということを確認し、同じ信仰の仲間入りをするのです。

洗礼を受けたら、すごいクリスチャンに変わらないといけないのでしょうか？　そういう自信がありません。また、教会には何も変わっていない人もいるように思い、なんの意味があるんだろうと思います。

洗礼を受けてもきっと劇的に変わるということはないかもしれません。むしろ劇的に変わったあと、劇的に落ち込むこともあるでしょう。大切なことは、あなたが劇的に変わることよりも、夫婦や家族が一緒に暮らしているうちに、好みも、顔さえも少しずつ似ていくように、イエス様と一緒に生きていながら、私たちはイエス様好みの大人の魅力的な女性に変えられていくことです。ぜひ仲間入りした教会に通い続け、同じ御言葉のパンを食べ、同じ食卓を囲み、イエス様との交際期間を過ごしてください。こんな私を花嫁として生きることを選び、変わることを期待し続けてくださるイエス様の愛に応えて、少しずつ少しずつ変えられていきたいと思うのです。

10　伝道するのが苦手です

伝道するのが苦手です。伝道をしたことがありません。うまく伝えられる自信がありません。

よ～く、分かります。私も幼い頃から教会に通っていましたが、「今度の日曜日に、遊ぼう！」と誘われても、「うーん、家の用事があるかなあ……」とごまかしていました。それでも毎週、続く家の用事という理由に「それって何？」と聞かれると、「うん、ちょっと……」としか言えず。クリスチャンの少ない日本の社会では「教会に行っている」と言うと、変だと思われるんじゃないかと思い込んでいました。それでもどうしても「教会に行っている」と言わないといけない時も、聞かれてないのに「えー変なんじゃないよ、変なんじゃないよ……（汗）」と。言えば言うほど「変な」ものに映ってしまうものですが（笑）。どこかで自分の信じているものが、「変」で「おかしな」ものだと自分で思っていたんでしょう。

伝道して、断られたりすると、へこんでしまいます。伝道で大切にしておくべきことはなんですか？

伝道の本質は、伝えたいと願っているその人への愛です。あなたが伝えたい人が、あなたの大切な家族であったり、恋人であったり、友達であったりするならば、その人が福音を知らないまま、生きていくことを「まあ、いいか」と終わらせたりできないでしょう。断られてへこむことを恐れているのは、自分のほうが大切だからかもしれません。振り返ってみてください。あなたが信仰を持つために、どれだけの人が諦めずに祈ってくれたでしょうか。どれだけ諦めずに福音を伝えてくれたでしょうか。愛するとは、諦めないことです。神様はあなたにあなたの大切な人よりも先に救いを与えられました。それはあな

たを通して、福音を伝えたいと願っている人がいるからです。今度はあなたの番です。

じゃあ、どんなふうに伝えたらいいんでしょうか？

伝道とは、すごくうまいラーメン屋を見つけたようなものです（女子は、お気に入りのカフェでもいいです［笑］）。そんなラーメン屋を見つけた時は、うれしくなって、友達に「すっげーうまいところを見つけたから、一緒に行こうぜ！」と誘うと思うのです。決して「怪しくないよ～」「変なんじゃないよ～」と言いません。

伝道も同じことです。大切なことは、信じていることにあなたがまず感動をしていることです。そのためにはあなたが口にした福音そのものを、しっかり味わうことです。確かに信じたばかりの時には、うまく説明できないかもしれません。でも最初は、うまく伝えること以上に「どうしてもあなたと一緒に行きたいところがあるの！」という情熱があれば十分です。そのうちラーメン屋でも「スープは豚骨と魚介のダブルスープで、麺と絡み合って！」と説明できるようになるように、私たちの信じている福音の内容も、あなたが聖書を深く学び続けていく時、次第に話せるようになっていきます。

特に自分の信じた経緯を、短く話せる準備をしておくことや、またあなたが聖書から感動した箇所を説明できる用意をしておくといいですよ。またよく伝道している人に、伝道を見せてもらうと、「ああ、こんなふうに言えばうまく伝わるんだ……」とその切り口や展開は、とても勉強になります。

頑張って、友だちを誘ってみます。

あなたの友達は、どこかの偉いクリスチャンの話には興味はありませんが、自分の友達であるあなたが「なぜクリスチャンになっているのか」について興味を持っています。私の学生時代に友人の一人が「大嶋はアーメンだからな」と私の信仰をからかってきた時に、「大嶋の大切にしているものをバカにすんな」と、親友が言ってくれました。

本当の友達は、あなたの話をきちんと聞いてくれるのです。

11　自分のことが嫌いです

自分のことが嫌いです。本当の自分が分かりません。どうしたらいいんですか？

ボクも自分のことが大嫌いでした。基本的にネガティブな性格で、前向きにものごとを考えるタイプでもありません。なので「あなたはあなたらしく」と言われても、なんの励ましにもなりませんでした。10代の時の生きづらさに、「本当の自分が分からない」という苦しみがあると思います。親の前の自分、先生の前の自分、友達の前の自分、そして一人、部屋でうずくまっている自分。いろんな自分がいながらも、どの自分も「本当の」自分ではないような気がして。何か上辺だけ取り繕った自分が嫌で、自分の腕や身体をかきむしりたくなるような夜がありました。そして答えのない自分探しに途方にくれるのです。この世の中には「本当の自分」という偶像がいるように思います。

大人たちはそんな悩みなど悩んでいないように毎日を過ごしています。どうやって乗り越えたのでしょうか？

私たちは「自分」と向き合い始めた時に、一つの壁にぶつかります。「人間とは何か、自分とは何か」「生きるとは何か」という壁です。そこで道は二つに別れます。一つの道は「所詮、人生なんてこんなもんだ」という開き直る道です。そして嫌いな自分を受け止めきれないまま、何か問題が起こると何かのせいに、誰かのせいにして人生をやり過ごしていく生き方。

もう一つの道は「何で自分はこうなんだろうか」と本気で悩む道です。今の時代、悩むことはダサいこと、考え込むことは暗いことだと思われます。しかし大嫌いな自分をじっと見つめて、自分を諦めてい

く時間が大切です。私は「ありのままのあなたは素晴らしい」ブーム（書店にもたくさん、本が並んでいます）が苦手というか嫌いなんですね。なぜなら「ありのままの私」は罪人なんです。この罪人の自分を見ないふりをして、「あなたは素晴らしい」という神なら、私はそんな神はいりません。しかし聖書ははっきりと「あなたは罪人だ」と語ります。「あなたはあなたが嫌いで当然だよ。だってあなた（本当の自分）は罪人だから……」と語るのです。

そして聖書の神様は、「あなたが罪があることは知っている。でも、私はあなたを愛している」と、罪人の私を愛そうとされるのです。あなたは自分が自分で大嫌いにもかかわらず、神はあなたを愛しているというのです。その愛は、十字架で命をかけるほどの愛だったのです。あなたの罪をそのままにしておくことができない神様が、その罪を取り除き、あなたが自分を愛して生きることができるようにしてくださったのです。私たちが罪を犯す自分の無力さに諦めた時、あなたを諦めることのない神の愛の大きさがあなたの目の前に迫ってくるのです。聖書が教えてくれる本当の自分は、「神に愛された罪人」だということです。

神様の愛が分かるようになるためにはどうしたらいいんですか？

私が神であれば、私は私を救いません。「神様、信じます！」「神様、従います！」と言った瞬間から、「うそー」と神に背く私がいるのです。神に愛されていると言われても、その愛すら疑う私がいるのです。でも神は救うと言われる。神は愛すると言われる。信じられないほどの愛。こんなにも愛されたことがありますか？　この神様の愛を知るのには、時間がかかります。なぜなら私たちはこんな愛に出会ったことがないからです。ですから神の愛を知るのに、時間をかけましょう。今も自分のことを好きかと言われると自信はありません。でも神に愛された自分を愛そうと思います。神様が命がけで大切にしようとされた自分を大切にしてみようと思うのです。今、自分が自分のことを少し好きになれたのは、神に愛されている自分を知ったからだと思いま

す。

12　人の意見に左右されます

人の意見に左右されて、いつも悩んでしまいます。

たくさん悩んでいいんですよ。ゆっくりと悩むことが難しい時代になりました。でも悩むこと、考えることを誰にも奪わせてはいけません。それは親であっても、教会の人であってもです。もし誰かの意見に従って、私たちが自分の人生を歩んでしまうなら、あなたはいつの日か「あの人のせいでこんな人生になった……」と誰かの責任にしてしまう人生が待っているでしょう。

私たちはたくさん悩んで、「祈って決める」大人になることが大切です。今までいろんなアドバイスを皆さんにしてきました。そして今、皆さんにお伝えしたいことは、私は最後の最後は、あなたが祈って決めたことについては、どこまでも味方でいたいと思っています。しかしもしあなたが祈らずに決めようとしているならば、「ちょっと待って。もう少し悩もう。もう少し祈ろう」と言いたいのです。悩んで、苦しんで、そして神様の前に進み出て祈って、その祈りの中でまた苦しんで、葛藤して……。悩みが祈りに変わるまで、考え抜いてほしいと思います。そしてあなたが祈って辿り着いたその判断に、私もその祈りに働かれた神様の導きに、一緒に従いたいと思うのです。

人と比べてしまいます。教会の中でも、立派な信仰を持っている人を見たら落ち込んでしまいます。

比べられると苦しいですよね。そんな苦しみから抜け出すためには、比べることなく見つめてくださる神様の眼差しの中を生きるしかありません。

クリスチャンはキリストのからだで、それぞれが別々の器官だと記

されています。ある人は頭だったり、ある人は手だったり、目だったりするのでしょう。ここには役割の違いがあります。そして「からだ」ということは、教会は一緒に成長するということです。ある日、右足だけが大きく成長することはありません。右足が大きくなるときは、左足も大きくなるのです。もちろんそれと同時に右手も、頭も顔もからだ全体が一緒に大きくなるのです。何を当たり前のことを言っているのか、と思われるかもしれません。言いたいことは、誰かの信仰が成長している時は、その人だけではなく別の器官であるあなたも成長しているのです。

教会の中で「あの人はオルガンを弾くのがうまい。でも自分は何もできない」なんて落ち込む必要はないのです。あの人がオルガンが上手だということは、自分が上手だということなのです。ドラえもんの中でジャイアンが「のび太のものは俺のもの」と言いますが、このジャイアン的発想がクリスチャンのものの見方なのですね（笑）。誰かが神様からいただいた賜物を、自分のもののように厚かましく喜んでいいのです。そして大切なことは、誰かが信仰の痛みを覚えている時、その痛みを自分の痛みとして一緒に苦しむことです。

私にはあまり賜物がありません。どうしたらいいですか？

神様は「恵みはあなたの上に十分だ」と仰っているのです。問題は賜物がないと決めつけているあなた自身です。その理由は、賜物を才能と勘違いしていることです。賜物とは神様からのたまわりもので、神様のために用いることが求められます。もちろん才能もその一つです。しかし神様からの賜物は、才能だけではありません。時間もお金も、友人も仕事も、機会も神様からいただいたものです。私は牧師で、説教の機会が与えられています。それは「説教の賜物」を与えられているということです。そうであれば、「説教の賜物がない」と言ってはいけないのです。そして賜物の特徴は「磨く」ことが求められるのです。神様から与えられたものを、ふさわしく管理し、磨く必要があります。私であれば若い人に届く説教者になるべく、磨き続けないと

いけません。今、あなたにすでに与えられている時間、機会、関心をも磨いて、神様にお役に立つ生涯を歩んでほしいと思います。

（本稿は、『信徒の友』［2016 年 4 月号～ 2017 年 3 月号］に連載した「今を生きる若者のリアル」に加筆修正を施したものです。）